Krystofiak

# Münster – was nicht im Stadtführer steht

Carsten Krystofiak

# Münster – was nicht im Stadtführer steht

Reportagen

Oktober Verlag
Münster in Westfalen

Am Hawerkamp 31, 48155 Münster

www.oktoberverlag.de


Satz: Claudia Rüthschilling
Umschlag: Linna Grage unter Verwendung
eines Fotos von Tom Heyken
Druck: Books on Demand GmbH
In de Tarpen 42, 22848 Norderstedt

ISBN 978-3-938568-99-6

# Lies die Anleitung – Über dieses Buch:

Wenn man im St. Franziskus-Hospital geboren wird und in Münster aufwächst, hält man diese Stadt für völlig normal – man kennt ja keine andere.

Erst im Vergleich zeigt sich: Münster produziert gemessen an seiner Ausdehnung einen hohen Ausstoß an Originalen. Ob's am Klima, der Genetik oder am Bier liegt, ist unklar.

1996 begann ich, Lokalgeschichten für Münsters Stadtmagazin ULTIMO zu schreiben. Seitdem sind jährlich 25 neue Lokalstorys erschienen. Viele waren Zufallsfunde: Oft versteckten sich hinter scheinbar nichtssagenden Randnotizen in der Münster-Literatur oder Andeutungen in Zeitungsartikeln die interessantesten Geschichten.

Dieses Buch ist sozusagen ein »Best Of«-Album und zugleich eine persönliche und stadthistorische Chronologie. Da alle Artikel den Stand ihres Erscheinungsdatums abbilden, habe ich sie mit aktuellen Kommentaren editiert.

Obwohl sich Münster in den letzten Jahren stärker verändert hat, als in den Jahrzehnten zuvor, ist eines konstant geblieben: Die Neigung zur Realsatire. Darum geht der Story-Stoff nicht aus.

Über die Auswahl für dieses Buch wurde leidenschaftlich diskutiert. Manche Favoriten haben es trotzdem nicht geschafft. Vielleicht erscheinen sie ja irgendwann in Teil 2 …

Bis dahin,

Carsten Krystofiak, Dezember 2009

# INHALT

# FRÜHER

# Immer nur Krawall!

## Ulrike Meinhof, warme Brüder & der falsche Asterix: Münsters kauzige kleine Demo-Chronik.

Die Münsteraner gelten nicht gerade als politische Revoluzzer. Spektakuläre Protestaktionen traut man ihnen eher nicht zu. Wilde G8-Demos oder Kreuzberger Krawalle passen so gar nicht zur westfälischen Mentalität. Und schon gar nicht zur konservativen Bräsigkeit der Münsteraner. Oder ist das nur ein Vorurteil? Ein Blick in die Papiertonnen der Stadtgeschichte zeigt ein überraschend anderes Bild: Die Münsteraner haben sogar eine ausgeprägte Demo-Tradition.

Schon 1956 zogen Studis mit Transparenten gegen Nahost-Krieg und Niederschlagung des Volksaufstandes in Ungarn über den Prinzipalmarkt. Zwei Jahre später protestiert ein breites Bündnis auf dem Domplatz gegen Atomkraft und Nuklearwaffen. Die Hauptrede hielt eine junge Studentin der Uni Münster: die spätere RAF-Gründerin Ulrike Meinhof.

1965 demonstrierten rund siebentausend Münsteraner Studis erstmals vorm Schloss gegen unzumutbare Studienbedingungen. Dabei gab es damals noch keine 20.000 Studenten an der WWU und noch nicht einmal den Numerus Clausus. Und auch das gab's schon, als Eure Eltern sich kennen lernten: 1969 kam erstmals

die NPD nach Münster, um eine Kundgebung auf dem Domplatz zu halten. Knapp tausend Polizisten versuchten rund sechsmal so viele Gegendemonstranten fern zu halten. Am Bahnhof gab's wilde Rangeleien zwischen Polizei und NPD-Gegnern. Dieser Sport hat sich also auch kaum weiterentwickelt.
1972 erlebte der Prinzipalmarkt ein echtes Novum der Protest-Folklore: Deutschlands erste Schwulendemo fand ausgerechnet in Münster statt! (Homosexualität war noch gesetzlich verboten!) Rund 200 schwule Aktivisten zogen samstags mittags vom Schloss zum Prinzipalmarkt. In der Salzstraße hielt der Münsteraner Initiator eine Rede durchs Megafon. Die Bürger reagierten auf die »Warmen Brüder« perplex bis aggressiv.
Schon ein Jahr später neue Aufregung: Die Frauenstraße 24 wird besetzt, um den Abriss des Jugendstilhauses zu verhindern. Ein internes Polizeikonzept der Zeit empfiehlt hilflos: »Die Entwicklung konspirativer Einsatzmethoden, z. B. Einschleusen von Beamten als Handwerker, Lieferanten und Passanten.« Kein Wunder, dass das nicht funktioniert hat. So überstehen die Besetzer alle Räumungsversuche, politischen Machenschaften der CDU und einen Brandanschlag. Erst acht Jahre später wird das Wohnprojekt legalisiert und ist damit eine der längsten Hausbesetzungen in der deutschen Geschichte.
1974 kam es zum ersten handfesten Krawall: die »Kommunistische Gruppe Münster«, welche die katholischen Münsteraner zum »Marxismus-Leninismus chinesischer Prägung« bekehren wollte, verteilte vor Karstadt 850 Exemplare ihrer wirren »Kommunistischen Volkszeitung«. Beim Eingreifen der Polizei entwickelte sich eine Schlägerei. Verhaftet wurde – der

dreijährige Sohn eines Kommunisten, der lauthals »Die Polizei ist böse!« brüllte. Allerdings brüllte er auch im Streifenwagen unentwegt weiter, sodass ihn die entnervten Beamten schleunigst wieder aussteigen ließen.

1979 demonstrieren auch Münsters Frauengruppen – gegen einen der ersten Sex-Shops (in der Hafenstraße). Dabei kommt eins der schwersten Demogeschütze der Zeit zum Einsatz: die lila Latzhose! Die (männlichen) Polizisten drehen durch und prügeln auf die Demonstrantinnen ein: vier Frauen landen im Krankenhaus.

Nicht nur der weibliche Protest gegen Sexshops war für die Polizei ein Problem: Durch Zeugenvorladungen von Polizisten zu Gerichtsterminen gegen Demonstranten fielen damals über 20.000 Dienststunden im Jahr aus! Denn allein 1983 wurden 194 Demos in Münster angemeldet! Schade, dass keine Vergleichszahlen des Wanderschuhhandels aus diesem Jahr vorliegen. Den Krankenkassen konnte die sportliche Betätigung im Sinne der Volksgesundheit jedenfalls nur recht sein.

Aber die Protestkultur erschöpft sich nicht in Fußmärschen. Besonders kreative Köpfe denken sich neue Formen des Widerstandes gegen das BRD-System aus. Und denen ist mit dem Gummiknüppel kaum beizukommen: Anfang 1980 staunten Asterix-Fans in Münster über ein neues Abenteuer des unbeugsamen Galliers, das ihnen merkwürdig modern vorkam. Der Band »Asterix und das Atomkraftwerk« enthielt zwar Originalzeichnungen von Uderzo und auch das Originalformat der echten Comics, doch die Geschichte von Cäsars Plan eines AKW im uns wohlbekannten gallischen Dorf – und dessen siegreichen Widerstands – stammte mitnichten aus dem Ehapa-

Verlag, sondern aus dem Umfeld des münsterschen Umweltzentrums. Das fanden bald auch Polizei und Detektive der Urheberrechtseigentümer heraus und durchsuchten das Umweltzentrum an der Scharnhorststraße. Ohne Erfolg, weil einem festgenommenen Mitarbeiter von den Beamten befohlen wurde, sich während der Durchsuchung still auf eine Kiste zu setzen und sich ja nicht zu rühren. In der Kiste lagen – die gesuchten Comics. Der originelle Fake-Asterix ist bis heute wegen Verstoßes gegen das Warenzeichengesetz schwer illegal.

Noch ein Falsifikat aus der linken Ecke sorgte in Münster für großen Wirbel: Vom 7. bis zum 9. Mai 1992 trafen sich die Wirtschaftsminister der sieben mächtigsten Industriestaaten (G7) und Russlands in Münster. Am Morgen nach der Konferenz der Minister überrascht ein Extrablatt der Westfälischen Nachrichten die Münsteraner: Die Sonderausgabe meldet eine »Sensationelle Wende! Die führenden Wirtschaftsnationen beschließen in Münster, allen armen Ländern ihre Schulden zu erlassen! Der größte Finanztransfer der Geschichte!« Dass dies ebenfalls ein Fake ist, fällt keinem Leser auf, denn das Extrablatt ist äußerlich vom echten WN-Titel nicht zu unterscheiden. Nur im Aschendorff-Verlag tobt die konservative Geschäftsführung – und erstattet Anzeige gegen unbekannt. Unbekannt (zumindest polizeilich) blieben die Urheber bis heute, obwohl sie noch einen weiteren Coup landeten:
Die falsche Sonderausgabe enthielt jeweils einen Gutschein für ein kostenloses Mittagessen, dass der – in Wirklichkeit völlig ahnungslose – Münsteraner Möllemann (damals noch deutscher Wirtschaftsminister),

so der Text, den lieben Bürgern Münsters für ihre Gastfreundschaft gegenüber den internationalen Finanzpolitikern gerne spendieren würde.

Münsterischer Anzeiger • Westfälischer Merkur

Westfälische Nachrichten

Extrablatt

Sensationelle Wende auf dem Münsteraner Wirtschaftsgipfel

Globale Umverteilung / Kohl: ein schöner Erfolg / Genschers Vermächtnis

Wirtschaft zeigt sich vorbereitet

Pläne in der Schublade / Mit Rüstung keine Mark zu machen

TELEGRAMME

Bürger entscheiden mit

Offizielle Entschuldigung

Bis heute wurde der Urheber der gefälschten WN nicht enttarnt, trotz intensiver Fahndung. Dabei ist er ein echt netter Zeitgenosse. Das heißt, ich kann es nicht sein ... ;-)

Etliche Münsteraner marschierten daraufhin dankbar mit ihren Gutscheinen zum Speisen in verschiedene Restaurants, wo die Coupons wegen ihres hochoffiziellen Aussehens meist ratlos angenommen wurden. Die Rechnungen erhielt (und zahlte) Möllemanns Ministerium. Eine gute Anregung, um vom Staat endlich mal was gratis zu bekommen!

(Erschienen 2007)

Anmerkung:

Wenn Kinder der Generation iPod fragen: Papa, was war eigentlich eine »Demo«, erklärt man das am besten durch einen Vergleich mit einem Flashmob. Und wenn sie dann fragen: Was hat das denn damals eigentlich gebracht?, dann kann man ruhig antworten: Nichts. Darum kümmern sich heutige Demoteilnehmer auch vielfach gar nicht mehr um den politischen Anlass, sondern gehen gleich zum gemütlichen Teil über – Motto: Mach' kaputt, wofür Du nicht aufkommst.

# Fuck off, Münster.

## Krawall, Karlsquell & Krachmusik: So schlug Punk in unsere Stadt ein.

Ausgerechnet in der Düsseldorfer Kunsthalle ist derzeit eine Ausstellung über die Anfänge von Punk in Deutschland zu Beginn der 80er zu sehen. Vierzigjährige Expunks, die heute in Werbeagenturen Prosecco statt auf der Straße Dosenbier trinken, geraten vor gerahmten Plattencovern von damals in nostalgische Schwärmerei ... und sogar die Lehrer-Illustrierte *Spiegel* feiert die Schau. Eifrige Soziologen ziehen an den Haaren ihrer Wissenschaftlerbärte gesellschaftspolitische Analysen herbei und unterstellen den Punks revolutionäre Absichten. Sucht jemand noch einen weiteren Beweis dafür, dass Punk heute mausetot ist? Trotzdem: Die Vernissage der Punk-Schickeria inspirierte uns zu der Frage, wie Punk damals eigentlich in Münster anfing. Also holten wir unseren Chefreporter aus dem Punk-Altersheim, ließen ihn in tiefe Hypnose versetzen und notierten seine vergessenen Erinnerungen.

1981: Der Bundeskanzler heißt noch Helmut Schmidt statt Helmut Kohl. Die DDR feiert ihr dreißigjähriges Bestehen. In Westberlin sind 140 Häuser besetzt und eine Anti-Atom-Demo in Bonn bringt eine halbe Million Menschen auf die Beine. Die *Sex Pistols* haben sich erst vor drei Jahren aufgelöst und klingen heftig nach. *Die Toten Hosen* nennen sich noch *ZK (Zum Kotzen)* und sind kaum bekannt. Punk ist damals taufrisch, Techno und Hip-Hop noch nicht erfunden [Hip-Hop wohl! Der Setzer]. Die gut drei Dutzend Münster-Punks, die sich samstagmittags am Lambertibrunnen treffen, sehen nicht wie Bahnhofspenner aus und wollen auch kein Kleingeld schnorren – stattdessen tauscht man die neuesten Buttons, empfiehlt die aktuellen Singles und versucht, sein selbstfabriziertes Fanzine oder eine Kassette der eigenen Punkband an den Käufer zu bringen. Punk hatte eine unglaublich kreative Dynamik: Jeder spielte in irgendeiner Band (wer kein Instrument konnte, wurde eben »Sänger«), gab ein Fanzine heraus oder betätigte sich als Ein-Mann-Label für obskure Klangproduktionen. Modeindustrie und Plattenfirmen machten um Punks noch einen großen Bogen. Band-T-Shirts, Nietengürtel und Buttons wurden in fleißiger Heimarbeit selbstgebastelt. Und fast allerorten fand sich ein Idealist, der am Wochenende einen unkommerziellen Auftritt lokaler Punkgruppen in irgendeinem Jugendheim oder Keller organisierte.

Und solche Bands gab es massenweise, etwa *Anormal Null*. Hier spielt Münsters erster Punk, Andreas »Sally« Bleckmann, Gitarre (ist heute Modefotograf in London). Am Bass: Frank Xerox, Herausgeber des Fanzines »Schwarz-Rot-Gold«. Während die anderen Punk machen wollen, steht Xerox auf die avantgardistischen Elektronikklänge von *D.A.F.* (»Tanz den Mussolini«). Er geht nach Berlin und nennt sich später Westbam. Sein Bruder Fabian tanzt noch in der ersten Reihe Pogo – und heute als Geschäftsführer der Love-Parade durch Berlins Tiergarten. Sänger »Klaus Chaos« brachte sich unter dramatischen Umständen um. *R.A.F.Gier* proben im Keller der legendären Kronenburg (heute Wolters I neben der Luna Bar). Münsters professionellste Punkband veröffentlichte sogar zwei Platten. Gitarrist Rolle wird wegen des Gebrauchs von Rasierwasser von anderen Punks als »Poppersau« beschimpft. Deshalb prangern *R.A.F.Gier* in ihrem Song »DIN-Punk« Konformitätszwänge und Spießigkeit der Szene-Cliquen an. Sänger Ralf Plaschke leitet heute die Kölner PopKomm-Messe. *VNW* aus Wolbeck haben kein Schlagzeug – aber viel Humor und adaptieren das Fernverkehrsmotto »Schnell, Laut, Gut.« Später überzeugen *KataCombo* mit der größten musikalischen Vielseitigkeit und den besten Texten unter Münsters Punkbands. Sänger Tönnis ist heute Werbetexter und Chauffeur von Helge Schneider.

*Äni(x)Väx* schließlich hinterlassen nicht nur unzählige Graffitis im Straßenbild, sondern auch die Erinnerung an eine Straßenschlacht während eines Auftritts, zwei Jahre nachdem ein Konzert der Punklegende Dead Kennedys in Osnabrück zu schweren Krawallen geführt hatte. 1984 fragt die Band telefonisch in der Kneipe »Neuer Krug« neben Steffi Stephans Kino-Disco Jovel Cinema an der Weseler Straße an, ob sie dort spielen dürfe. Der Wirt fragt: »Was macht ihr denn für Sound?« Statt der Antwort »Punk« versteht er aber Funk und sagt zu.
Am Abend des 4. September ist der Wirt beim Soundcheck über den »Funk« von *Äni(x)Väx* entsetzt und sagt die Veranstaltung kurzerhand ab. Weil sich aber vor der Tür schon viele Punks versammelt haben, von denen einige recht verwegen aussehen und finster gucken, verhandelt man: *Äni(x)Väx* spielen, aber nicht

lange und nicht so laut. Das Konzert geht noch reibungslos über die Bühne. Doch dann verlost die Band als Showgag einen grünen »Pappkameraden«, den sie mittels Bolzenschneider besorgt hatte. Der Gewinner, ein Punk aus Greven, weiß nicht, wohin mit seinem Preis. Die Polizisten-Attrappe wird deshalb unter Gejohle auf die Straße geschlört und verursacht dort zur Belustigung der Punks einen Verkehrsstau. Autos hupen, Bierkrüge fliegen, der Pappkamerad wird mit Mofa-Benzin in Brand gesteckt. Die Kreuzung ist mittlerweile ein Scherbenmeer. Die anrückende Polizei wird mit einem Gläserhagel empfangen und setzt Reizgas ein. Weil fünf Punks verhaftet werden, unternehmen andere einen gewaltsamen Befreiungsversuch, den die Polizei abwehrt. Die Randale macht dicke Schlagzeilen in den WN, bringt *Äni(x)Väx* jedoch keinen Werbenutzen, weil der Bandname in den Zeitungsberichten nicht genannt wird.

Karnevalssonntag 1986 im Odeon:
Wer hat das schönste Kostüm an? Zahlenmäßig gewannen die Narren auf dem Prinzipalmarkt; nach Lautstärke die Punks im »O«.

Werbung für Punk machten dagegen die beiden Punk-Girls *Gabi & Moni*, die in einer Live-Diskussionsrunde der ZDF-Fernsehsendung »Kinder, Kinder« zu ihren Punk-Motiven befragt wurden. Dazu fiel den beiden jedoch nicht mehr ein, als keinen Bock zu gar nichts zu haben, alles Scheiße und überhaupt: Fuck off!! Wegen der eitlen Selbstdarstellung wurden die beiden hinterher wochenlang in den Szenekneipen als »arrogante Fernsehstars« geschnitten. Diese Szenekneipen sind rasch aufgezählt: neben dem Bunten Vogel, der damals auf der Rothenburg war, dem Neuen Krug und dem Odeon besuchten Münsters Punks vor allem die Kronenburg. Die »Hippies« des linksautonomen Kneipen-Kollektivs hatten alle Hände voll zu tun, die Kids in Schach zu halten, die den Laden als ihren speziellen Abenteuerspielplatz ansahen und die Gäste mit der »Haste-mal-ne-Mark«-Leier nervten, wenn das Taschengeld mal wieder nicht fürs nächste Bier reichte. Der Neue Krug wurde von den Punks Neuer Betrug geschimpft, weil die Inhaber die Unverschämtheit besaßen, gegen das Mitbringen von Karlsquell-Dosenbier (dank einer Ode der Hamburger Punkband *Slime* das Punk-Kultgetränk) konsequent einzuschreiten. Weil im Billardzimmer der Kneipe oft gegen das BtMG verstoßen wurde, waren auch immer einige Zivilbeamte vom Friesenring anwesend. Diese konnten schon von weitem an ihrer schlechten Kostümierung erkannt werden (Wildlederjacke mit Nina Hagen-Button und – kein Witz! – *The Police*-T-Shirt). Die bemühten sich dann ebenso verzweifelt wie vergeblich um Kontakt.

Während viele Bürger vor Punks noch Respekt hatten oder hilflos herumschimpften (»Unter Adolf hätte man euch ...!!« – »Geht doch nach drüben in die

DDR!!«), und die Studenten-Hippies grundsätzlich pazifistisch waren, hatten die Punks nur einen natürlichen Feind zu fürchten: den gemeinen Mofa-Assi. Die Hauptschul-Prolls von der berüchtigten Überwasserschule oder diverse Bunken-Clans aus Coerde machten Jagd auf »Punkerschweine«, und man hatte Glück, wenn man mit einem blauen Auge davonkam. Der Punk-Lifestyle selber forderte indes schwerere Opfer: Die, die dachten, sie könnten ewig so weitermachen, landeten in Psychiatrie und Knast, als Pflegefall oder auf dem Friedhof. Das alles ist jetzt so lange her, dass es zur Würde gereift ist, die Düsseldorfer Kunsthalle zu schmücken. Wenn einer den Penner-Punks am Bahnhof mal sagen könnte, dass ihre Attitüde museumsreif ist.

(Erschienen 2002)

Anmerkung:

Der Regisseur eines Dokuspielfilms über die berüchtigten »Chaostage« sagte: »Heute wird man ja beim ZDF nicht mehr Programmdirektor, wenn man nicht mindestens sechs Wochen lang Punk gewesen ist.« Das trifft zu und darum ist Punk auch endgültig restlos tot. Das Komische daran: Damals dachte man wirklich (und beileibe nicht nur in Münster), dass nach Punk eigentlich keine innovative Jugendkultur mehr kommen könne! Der weitere Lebenslauf der damaligen Mitglieder von Münsters Punkszene lässt sich grob gesagt in zwei Alternativen teilen: Kulturbetrieb oder Tod.

# Im Kumpelnest.

## Das alte »Odeon« war Münsters Wohnzimmer für Waver, Punks & Nachtvögel.

Wenn dieser Tage der letzte Applaus nach dem Konzert von Dr. Ring Ding verklungen ist, wird im Odeon an der Frauenstraße für immer das Licht ausgemacht. Die »Grande Dame der münsterschen Clubs« nimmt ihre letzte Huldigung entgegen. Die Institution Odeon hat mindestens drei Generationen von Teenagern sozialisiert und deren Jugend entscheidend geprägt. Deshalb ist uns die anekdotenreiche Geschichte des Odeons einen Rückblick wert. Bitte einsteigen zur Zeitreise ...

Die 70er Jahre sind soeben vorbei und der Zeitgeist diktiert Coolness. New Wave und NDW sind angesagt; die Frauen tragen Neonschmuck. Helmut Kohl steht kurz vor seiner Machtergreifung. In Münster provozieren sich samstags am Lambertibrunnen Punks und Popper; die *Kronenburg* und der *Bunte Vogel* auf der Rothenburg sind die aktuellen Szenekneipen. Am 8.10.1982 übernehmen vier befreundete junge Leute das wenige Jahre zuvor (vom heutigen *GoGo*-Betreiber Jürgen Köhn) eröffnete *Odeon* in der ehemaligen »Gaststätte Freitag« im Schatten der Überwasserkirche. Zunächst wird der Laden vom neuen Team auf die

Höhe der Zeit gebracht: Die Flipperautomaten fliegen raus, und von der Bühnenrückwand grüßt frisch gesprayt eine Mickymaus mit zackiger Elektrogitarre aus einem pinkroten Amischlitten. Ein gewisser Maximilian Lenz darf im »O« Platten auflegen und nennt sich »DJ Westfalia Bambaata«. Später verkürzt er den umständlichen Künstlernamen (eine Hommage an sein Vorbild, den Hip-Hop-Pionier Afrika Bambaata) schmissig zu Westbam und zieht nach Berlin.

Viele erfolgreiche Künstler haben am Beginn ihrer Karriere als No-Name-Bands im *Odeon* gespielt (und sind später gerne wiedergekommen). Etwa die Toten Hosen. Christine Rosenthal: »Die standen 1983 eines Nachmittags vor der Tür und klopften an die Scheibe. Ich war gerade am Aufräumen. Ich sag: Wer seid ihr denn? Die: Wir sind 'ne Punkband und wollten fragen, ob wir hier mal spielen können. Ich sag: Habt ihr denn schon 'ne Platte? Die: Äh ... nee, aber wir haben ne Cassette dabei ...« Oder die *Red Hot Chili Peppers*, die damals wenigstens schon ein bisschen bekannt waren, aber noch als Geheimtipp galten. Veronika Fischer: »Für die hatte ich Abendessen gekocht. Musiker kriegen ja sonst meist nur Junkfood. Ehrlich – die wollten, dass ich für den Rest der Tour als Köchin mitfahre und ließen gar nicht locker.« Die hühnerknochenbehängten Gothicrocker von *Christian Death* fanden ihre eigene Musik offenbar so genial, dass sie nach vier Stunden (!) Nonstop-Konzert selbst noch weiterspielten, als das Publikum längst entnervt verschwunden und das Saallicht eingeschaltet war. Nur das Abschalten des Stroms bewegte sie schließlich aufzuhören. Ganz anders die Lausejungs von den *Bollock Brothers* – die englischen Punkrüpel erklärten den sprachlosen Zuschauern nach nur 20 Minuten, sie müssten jetzt dringend zurück ins Hotel, um den Übertragungsbeginn irgendeines hochwichtigen Fußballspiels nicht zu verpassen. Weil ihre Musik nicht im Gedächtnis blieb, lieferten *King Kurt* eine Bühnenshow, die niemand vergessen sollte. Eimerweise Eier, Mehl, Farbgelee und Wasser flogen von der Bühne ins Publikum und zurück. Ein Gast erinnert sich: »Alles hat in einer knietiefen Pampe gewogt – es war fantastisch!« Auch die anrückende Polizei – wegen der Lebensmittelschlacht vor der Tür gerufen – wurde mit Eiern und Mehltüten empfangen. So manch einer hat nach diesem Abend Jacke und Schuhe nur noch in die Mülltonne werfen können. Aus den Haaren bekam man den zementartigen Brei sowieso nicht mehr heraus.

Die MS-Punks *Potpourri Boys* folgten dem Beispiel von *King Kurt* und warfen von der Bühne rohe Hühner, die durch eingeführte Silvesterböller über den Köpfen der Zuschauer explodierten. Später wunderte man sich im Odeon wochenlang über widerlichen Verwesungsgeruch, bevor endlich jemand die Reste des Hühnchens fand, das auf dem Videobeamer unter der Saaldecke gelandet war. »Münsters letzte Punkband« (Selbstbezeichnung) *Äni(x)Väx* verabschiedete sich 1986 ebenfalls mit fliegender Nahrung (Pizza) in einer wilden Show für immer von den Fans.

In den legendären Katakomben des Odeons
verewigten sich Stars an den Wänden –
und indem sie ins Waschbecken pinkelten,
sehr zum Ärger von Wirt Möppel ...

An den Wänden des Backstage-Kellers verewigten sich u. a. *Johnny Thunders, Gun Club, R.E.M., Killing Joke, L7, The Godfathers, Fleshtones, Georgette Dee, Die Ärzte, Die Leningrad Cowboys* undwiesieallehießen.

Inspiriert durch das Stadtjubiläum »1200 Jahre Münster« drehte der harte Kern der Odeon-Tresenhelden 1993 den Videofilm »1200 Jahre Odeon«. Der »monumentale Historienschinken mit vielen Massenszenen« (Werbetext) ist eine obertrashige Geschichtsparodie, die Helge Schneider die Schamröte ins Gesicht treiben würde und zeigt die nicht ganz wahre Entstehungsgeschichte des Odeons von der Steinzeit über Antike, Mittelalter, den 50er und 70er Jahren bis zur jüngsten Gegenwart. Götz Alsmann liefert darin eine Szene als Jugendheim-DJ. Gedreht wurde u. a. in einem echten Domina-Studio. Bei den Dreharbeiten kam es zu einem schweren Unfall: Bei einem »Livekonzert« der Sex Pistols (dargestellt durch die vier Inhaber) zerschlug Wirt Möppel in voller Action einem Statisten versehentlich eine elektrische Gitarre auf dem Kopf. Die »Erste Hilfe« eines angetrunkenen Kumpels bestand darin, die Körperumrisse des Bewusstlosen mit Kreide auf dem Boden nachzuzeichnen. Natürlich wurde die Unfallszene später nicht (!) herausgeschnitten!

Sogar die transsilvanischen Untoten liebten das Odeon: Münsters Grufties trafen sich monatlich zum »Tanz der Vampire« an der Frauenstraße. Die Anhänger der Szene zeichneten sich nicht nur durch ein gruseliges Geisterbahn-Outfit, sondern gleichfalls durch vorbildliche Höflichkeit aus. So staunte das Thekenpersonal immer wieder über Typen, die so erschröcklich aussahen wie Marilyn Manson, Hannibal Lecter und Rumpelstilzchen zusammen, aber schüchternleise flüsterten: »Kann ich bitte eine Apfelschorle?«
Eine Zeit lang durfte der Kreis der Stammgäste seine Wohnzimmertheke an Montagabenden sogar in Eigenverantwortung ohne Aufsicht selbst betreiben. Motto: Selbst zapfen, Geld in die Kasse legen, hinterher abschließen – keinen Scheiß bauen. Das entgegenkommende Vertrauen der Inhaber zahlte sich jedoch nicht aus, weil zwar in Selbstbedienung gezapft, aber nicht immer bezahlt wurde. Auch Münsters singendes Wermutbruder-Original »Caruso« kannte das Geheimnis bargeldloser Zahlung: Er schaffte es immer wieder, die Thekenkräfte zu überrumpeln, indem er einen Cognac bestellte, blitzschnell hinunterstürzte und triumphierend erklärte: »Hab' kein Geld ...« Caruso war übrigens Mitglied des *Odeon-Männergesangsvereins* »Concordia Zwietracht«, der sich aber nach einigen Jahren

ebenso wieder auflöste wie der *Punkrock-Sparclub* mit eigenem Kassenkasten an der Theke.

Man kann nicht leugnen, dass das Odeon Mitte der Neunziger langsam von der Zeit überholt wurde und ein bisschen ins Abseits geriet. Zu lange hatte der erste Club am Platz von seiner eigenen Nostalgie gelebt. Auch die heißeste Liebe wird eben irgendwann eine eingefahrene Ehe. Gegen die Vielzahl neuer Mitbewerber und die Trends der Zeit (Club-Hopping, schwindende Bindung an einen einzigen Stammladen, immer späteres Ausgehen) blieben alle Rettungskonzepte machtlos. Axel Seitz hat das Odeon mit einem neuen Profil wieder für ein junges Publikum attraktiv gemacht und fühlt sich dennoch der »Tradition« des Clubs verbunden. Trotzdem fängt er nach dem Umzug an seinem neuen City-Standort auf einem weißen Blatt an – die Geschichte des Odeons zieht nicht mit um, sondern verflüchtigt sich im Baustellenstaub und in der Erinnerung seiner alten Garde. Da verdrückt sich so mancher Ex-Punk jenseits der 30 ein sentimentales Tränchen.

(Erschienen 2002)

Anmerkung:

Das Odeon war mehr als ein Club – es war Münsters Lebensmittelpunkt für alle zwischen 18 und 38. Der Laden war eine Legende, wozu natürlich die Konzerte avantgardistischer Bands beitrugen, die damals vor 300 Münsteranern spielten und heute Hallen und Stadien füllen. Und auch Gäste, die später bekannt wurden, wie z. B. Oliver Kalkofe oder Klaus Fiehe, mussten sich damals vom Tresenchef für unkorrekte Bestellungen anranzen lassen. Für mich persönlich hatte die Schließung des Odeons zwei Aspekte: Einerseits wurde ich wie viele andere plötzlich heimatlos, andererseits hatte sich damit mein Deckel aufgelöst, den ich zuvor schon zwei Jahre lang als Thekenkraft abgearbeitet hatte.

# Der Beatschuppen-König.

## Gronecks Erzählungen: Zu Besuch bei Münsters Disco-Miterfinder.

Discotheken sind heutzutage landauf, landab ein gewohntes und allgemein akzeptiertes Freizeitvergnügen, und auch Muttis Generation schwingt gerne zu Rock und Samba die Hüften. Das war natürlich nicht immer so. In den Kindertagen der Disco vermuteten die Nachkriegsväter in den »Beatschuppen« finstere Hasch-Höhlen. Der Münsteraner Manfred P. Groneck ist einer der Geburtshelfer der Discoszene in Deutschland. Seine Geschichte ist ebenso abenteuerlich wie erstaunlich, und manchmal scheinen Dichtung und Wahrheit zur Legende zu verschmelzen. Ultimo lauschte fasziniert Gronecks Erzählungen aus der Disco-Steinzeit im schwarzen Münster, das bis dahin nur Glockenklänge gehört hatte.

1961 errichtet die DDR-Führung im Handstreich eine Mauer durch Berlin. Elvis hat gerade erst seinen Wehrdienst in Deutschland beendet. Zu dieser Zeit eröffnet Manfred P. Groneck in einem alten Eckhaus am Kreuztor die Tanzbar Kontiki. Die dazugehörige Einliegerwohnung vermietete er an einen Typen namens Udo Lindenberg. (Das Haus wurde übrigens später abgerissen, an seiner Stelle ist heute ein Supermarkt). Donnerstag morgens stand Groneck schon vor Ladenöffnung vor Radio Hüffer, um taufrisch die neuesten

Beat-Schallplatten aus England und Amerika zu kaufen. Problem: Aus Kostengründen gab es im Kontiki nur einen Plattenspieler. Auch sonst haperte es noch an der Ausstattung: Die »Lichtorgel« funktionierte manuell ... und zwar nur dann, wenn Groneck selbst die Stecker der fünf verschiedenen bunten Glühbirnen ein- und ausstöpselte. Erst später kam – oh Wunder der Technik – ein zweiter Plattenspieler plus ein Mischpult dazu, das erstmals Überblendungen und Ansagen per Mikrofon ermöglichte. Der Eintritt wurde nach der Zeit der Anwesenheit berechnet: pro Minute ein Pfennig. Wer um 22 Uhr kam und um 24 Uhr wieder ging, musste für das Vergnügen 1,20 Mark bezahlen. Gar nicht übel, das System ... Was dann folgte, ist auch heute nicht anders: »Im Kreuzviertel wohnten damals nur alte Leute, die fielen plötzlich vom Hocker, weil der Laden brummte bis zum Gehtnichtmehr. Die beschwerten sich und die Konzession wurde erst von 5.00 auf 3.00, später auf 1.00 Uhr und dann auf 23.00 Uhr zurückgenommen. Deshalb war nach zwei Jahren schon wieder Schluss!«

Doch Groneck schlug gleich das nächste Kapitel der münsterschen Discogeschichte auf: Das Geld aus dem Kontiki investierte er in den heruntergekommenen »Hof zur Geist« an der Hammer Straße. Dort ist heute noch eine Disco: das »Casablanca«. 1963 nannte Groneck seine neue Goldgrube zeitgemäß exotisch Copa Cabana. Sein alter Untermieter Udo L. kam auch vorbei und erzählte, er könne jetzt Beatmusik machen und hätte da mit ein paar Jungs aus Münster eine töfte Band. Tatsächlich wurden die Langhaarigen bald zu Lokalmatadoren.
Groneck hatte jedoch noch mehr zu bieten: »Wir begannen, mit dem Starclub in Hamburg zusammenzuarbeiten. Die englischen Bands, die dort spielten, kamen an-

schließend noch für eine paar Termine zu uns. So kamen wir damals schon an richtig populäre Bands, wie die Rattles – und das in Münster!« Der Spaß war schnell wieder vorbei, als das Arbeitsamt von Groneck Arbeitspapiere für die ausländischen Musiker sehen wollte. Doch aus Schaden wird man klug: »Wir haben die Jungs dann richtig über die holländische Grenze geschmuggelt: Die Musiker kamen einzeln als Touristen und der Wagen mit den Instrumenten hinterher. Alles streng konspirativ. Wenn das Arbeitsamt was muckerte, war die Band schon wieder weg.« Einigen englischen Musikern gefiel Münster allerdings so gut, dass sie gleich hierblieben, wie etwa der Saxophonist David Hendsley.

Das Copa Cabana lief und lief und lief. Die Band von Gronecks Untermieter stellte sogar den westfälischen »Weltrekord im Dauerbeat« auf – ein gewisser Steffi Stephan und Kumpels spielten 248 Stunden ohne Pause! Selbst das TV-Magazin »Drehscheibe« berichtete live vor Ort. Doch dem Ordnungsamt wurde das Treiben der »Gammler« vor den Toren Hiltrups zu bunt – Groneck verlor abermals seine Konzession und war pleite. Zwei Jahre jobbte er in einer damals völlig neuen Technologie: Elektronische Datenverarbeitung mit Lochkartonsystemen. 1967 wird Ultimos Chefreporter geboren. Im Jahr darauf eröffnet Groneck als Geschäftsführer wieder eine neue Disco in Münster: das Tabu am Alten Steinweg. Groneck: »Das war *der* Laden in der Stadt! Ein paar mit Schottenmuster bezogene Melkschemel, Schottenstoff an der Wand, und schon ging die Post ab! Wir spielten die heißesten Soulscheiben und holten uns von den Amis aus Handorf ein paar Schwarze, die den Leuten zeigten, wie man dazu tanzte.« Mit Erfolg: »Nebenan war eine bayerische Kneipe, das »Edelweiß«. Die mietete ich dazu und machte noch eine Disco auf, den Black Horse Saloon.« Nach handfesten Streitigkeiten mit dem Inhaber, einem Kölner Halbwelt-Zaren, kündigt Groneck jedoch nach drei Jahren.

Inzwischen ist das Jahrzehnt der Schlaghosen und Föhnwellen angebrochen. Während die RAF Deutschland in Atem hält und Muhammad Ali Boxweltmeister wird, eröffnet Manfred Groneck nun im Berliner Europacenter das »Joy«. »Hier sollte es jetzt so richtig zur Sache gehen!«, erzählt der alte Disco-Haudegen im Büro seiner Hiltruper Handelsfirma. »Wir hatten schon eine echte VIP-Ecke, die war immer für die Leute von der ZDF-Hitparade reserviert. Die ließen sich Jack Daniels im 10-Liter-Glasfass für 1.800 Mark bringen und waren sauer, weil sie die Cola noch extra bezahlen sollten, haha.« Eines Tages stellte sich ein neuer DJ bei Groneck vor. »Der Junge hatte es richtig drauf, war aber leider ständig besoffen. Dann klaute er dauernd Inventar, das ich tags drauf wieder aus seiner Bude in der Katharinenstraße rausholen musste.« Sein Name: Gunther Gabriel. Nachdem Groneck in diesen wilden Zeiten sogar mal mit der Abendkasse unterm Arm durchs Klofenster vor finsteren Luden flüchten musste, kündigte er allerdings auch diesen Job wieder. Das Joy bekam später ein kleines Drogenkonsumentenproblem – und ging den Bach runter.

Derweil hatten Punkbands wie die Sex Pistols Disco den Krieg erklärt, und Groneck wechselte die Thekenseite. Er wollte höher hinaus: Jetzt verkaufte er sein konzeptionelles Knowhow an andere Discobesitzer. Nebenbei begann er mit gebrauchtem Casino-Inventar aus Las Vegas zu dealen. Zurück in Münster, veranstaltete Groneck 1979 die erste deutsche Discotheken-Fachmesse in der Halle Münsterland. Groneck: »Nena und Modern Talking sind da als ›Nachwuchskünstler‹ aufgetreten – die kannte damals kein Schwein. Schon die dritte Messe wurde die größte Discoausstellung der Welt!« Groneck war auf dem Gipfel seines Erfolges. Er stampfte die Fachzeitschrift Discoforum aus dem Boden, gründete 1981 den offiziellen »Bundesverband deutscher Discotheken und Tanzbetriebe e.V.« (Geschäftsstelle Hafenweg 26b, Münster) und den anerkannten »Berufsverband Discjockey«. Gronecks Discoverband ist heute eine selbständige Fachgruppe im deutschen Hotel- und Gaststättenverband. Wegen der redaktionellen Inhalte im Discoforum bekam Groneck prompt Ärger mit der Plattenindustrie: »Die CBS wollte, dass ich meinen freien Kritiker feuere, weil der öfter freche Verrisse über CBS-Produktionen schrieb. Ich sagte, mach' ich nicht, der Junge schreibt super und bleibt!« Der umstrittene Autor hieß Götz Alsmann.

Dieses Foto reichte Götz Alsmann als Frontmann der »Heupferd Jug Band« selbst beim Vorgänger der Ultimo als Pressefoto ein. Wenn er geahnt hätte, wo es mal wieder auftaucht.

Doch wo viel Erfolg ist, gibt es auch viele Neider: »Die Beteiligten haben die Sache selbst kaputtgemacht. Die großen und kleinen Szene-Könige meinten, sie könnten alles viel besser und billiger. Die hatten Angst, dass ich zu mächtig würde. So ein Quatsch, ich war die Klagemauer für alle. Aber dann fingen einzelne an, dem Verband durch eigene Disco-Postillen und -Messen Konkurrenz zu machen. Es setzte ein intrigantes Gemauschel ein, und die ganze Geschichte zerfiel.« Groneck bilanziert: »Der Niedergang des Vereins hat mich gut eine Million gekostet. Aber was soll's ...« Groneck importiert heute Tonöfen für den Terrassengebrauch aus Mexiko.

(Erschienen 2001)

Anmerkung:

Dieses Interview war zweifellos eines der spannendsten – ich hätte mir noch ewig weiter Anekdoten aus der Discozeit anhören können, vor denen Groneck nur so übersprudelte. Und erst sein Fotoalbum aus den 60ern und 70ern! Unfassbar, dass Schmiegen wie Dieter Thomas Heck oder Typen mit Frisuren, wie sie heute höchstens noch Profifußballer tragen, jemals Popstars werden konnten! Gut finde ich auch die Vorstellung, wie Groneck zu seinem nervigen Untermieter Udo Lindenberg sagt: Weißt du was, Junge? Du gehst mir auf'n Keks! Spiel woanders mit deiner Kapelle.

# Bitte bring me a Nazi!

## Volkssturm-Opas & weiße Fahnen: Das Kriegsende im Münsterland.

Dieses Jahr steht im Zeichen des Gedenkens an 60 Jahre Kriegsende (auch wenn manche »Kameradschaften« immer noch nicht mitgekriegt haben, dass der Krieg aus ist). 1945 um diese Zeit war es mit dem »Endsieg« endgültig Essig. Im Münsterland war der II. Weltkrieg schon Ostern zu Ende.

Um das Münsterland zu erobern, hatte die britische Armee unter Feldmarschall Montgomery am Niederrhein Unmengen Panzer und Soldaten zusammengezogen. Der Grund: Die Tommys fürchteten den »Westfalenwall«, über den die deutsche Propaganda berichtet hatte. Darunter stellten sie sich eine Art zweiten Atlantikwall vor, mit Bunkern, Panzersperren undundund.
Den Westfalenwall gab es wirklich, aber er sah etwas anders aus: Im Herbst '44 hatte Münsters Gauleiter Meyer an Hitler gefunkt: »Mein Führer, tausende von Volksgenossen stehen bereit, um einen Westfalenwall zu errichten. Bitte um Vollmacht.« Die Vollmacht kam. Von Haltern bis Hopsten wurden die Bauern mit Spaten ausgerüstet. Das Ergebnis war eine dünne, unzusammenhängende Linie von Erdlöchern, die bei jedem Regen einstürzten und neu geschaufelt werden mussten.

Die englischen Panzer hielt das nicht weiter auf. Ihren Vormarsch stoppte etwas anderes: Die 3. Division rasselte bei Bocholt versehentlich in eine Kornbrennerei, was sie den ganzen Vormittag kostete. Bei der Weiterfahrt fädelten sich Kolonnen der zurückflutenden deutschen Wehrmacht in die lustige Truppe ein, ohne aufzufallen.
Es gibt Leute, die sogar jetzt noch ans Geld denken: Der Kassierer der Bocholter Sparkasse kommt beim Angriff der Engländer ums Leben. Einem fällt ein: »Der trug doch immer den Schlüssel zum Tresor um den Hals!« Ein anderer hat zufällig gesehen, wo der Kassierer verscharrt worden ist. Sie graben die Leiche aus und finden den Schlüssel. Eine halbe Million Reichsmark kommen unters Volk. Die Mühe hätten sie sich sparen können: die Reichsmark wurde in den letzten Tagen um das Siebenhundertfache abgewertet.

Nächster Stopp Montgomerys: Buldern. Hier hatten sich die Volkssturmopas soviel Mut angetrunken, dass die Engländer Stunden brauchten, um sie herauszuschießen.
In der Stadtchronik heißt es: »Die Parteiführer treibt die Verzweiflung zum Alkohol. In betrunkenem Zustand geben sie Befehle, die nicht durchzuführen oder völliger Wahnsinn sind.« Machte aber nichts, denn die Bauern spendierten den deutschen Soldaten soviel Korn, dass der Kommandeur des Regiments Großdeutschland freiwillig aufgab und erklärte: »Mit diesem Sauhaufen von Blaumännern wackelt die Front von selbst!«
In Billerbeck wackelt die Front noch nicht. Aber die Leute haben allen Grund, die Engländer bloß nicht aufzuregen: Im Oerschen Wald zwischen Billerbeck und

Darfeld steht eine Abschussrampe für V2-Raketen, von denen über zweitausend in London und Antwerpen eingeschlagen haben. Das könnten die Tommys womöglich persönlich übel nehmen.

In der Dorfkneipe ist Kriegsrat. »Wer von uns spricht englisch?« Alle zeigen auf Jupp Horstmöller. Er ist der Wirt. »Also, Du fährst jetzt auf deinem Fahrrad den Engländern entgegen und sagst denen, dass wir kapitulieren, sonst schießen die uns zusammen.« Es ist ernst: Ahaus, Dülmen und Stadtlohn wurden schon zusammengeschossen.

Horstmöller sagt: »Jau, det mok i wohl«. Es geht ein bisschen schwierig, weil er nur noch einen Arm hat. Also setzen ihn die anderen aufs Rad, binden ihm eine weiße Serviette an den Lenker zum Zeichen, dass er nicht in kriegerischer Absicht kommt, und schieben ihn aus dem Ort.

An der Bundesstraße nach Borken trifft er auf Montgomerys Panzerarmee. Er ruft: »No shooting! We give up!« Die Luke des ersten Panzers geht auf. »First white Flag!«, sagt der Tommy. Horstmöller soll zurückradeln. Wenn in einer Stunde keine weiße Fahne am Kirchturm zu sehen ist, greifen tausend Panzer Billerbeck an.

Die Billerbecker rennen mit einer Tischdecke den Glockenstuhl hoch. Die Panzer rollen vorsichtig auf den Ort zu. 300 Meter links liegt gut getarnt die V2-Abschussbasis. Jedem Engländer ist zuhause eingehämmert worden, so ein Ding zu erkennen. Sie rollen vorbei.

Am Ortseingang steht Horstmöller. Der erste Panzer stoppt, die Luke geht wieder auf: »All right?« »Jau«, sagt Horstmöller. »Okay, you go ahead!« Die Luke geht zu, der Panzer fährt an und Horstmöller marschiert an der Spitze der englischen Armee in Billerbeck ein.

Obwohl der Tag für ihn aufregend genug war, hat er noch nicht Feierabend. Zwei Stunden später wird er aus seiner Kneipe geholt: Mitkommen, zur Schule! »Hier wir machen provisorische Rathaus«, erklärt der Officer. »Wat geiht mi dat an?«, fragt Horstmöller. »You are Bürgermeister now!«, befiehlt der Officer. Basta!

So glimpflich geht es nicht überall ab. Manch fanatischer Truppenführer hält sich an Hitlers Befehl Nr. 898/45: »Wer in Gefangenschaft gerät ohne verwundet zu sein, hat sein Leben verwirkt. Seine Angehörigen haften für ihn.« Zum Schrecken der Bevölkerung taucht in Buldern eine Kampfgruppe aus Jugendlichen unter einem Kommandanten Faustmann auf. Der befiehlt: »Buldern wird verteidigt bis zum Letzten!« Als die Engländer kommen, hageln ihnen Gewehrpatronen entgegen. Die 6. Tank-Brigade schießt Buldern fünf Stunden lang zusammen. Die Jugendlichen fallen restlos. Die Bevölkerung wird aus den Kellern gezerrt, darunter drei Eisenbahner in schwarzen Uniformen, die kein Englisch sprechen. »SS!«, entscheiden die Engländer und erschießen die verzweifelt Gestikulierenden.

In Greven wollen die Bürger nicht mehr für »Führer, Volk und Vaterland in Ehren fallen«, sondern einfach nur überleben. Deshalb hissen auch sie vor den herankommenden Engländern die weiße Fahne vom Kirchturm. Plötzlich erscheint eine übrig gebliebene SS-Einheit im Ort, reißt die weiße Fahne herunter und hängt stattdessen eine riesige Hakenkreuzfahne auf. Eine Katastrophe, denn wo die Tommys Widerstand fürchten, pflegen sie den ganzen Ort in Trümmer zu legen. Drei mutige Grevener stürmen den Kirchturm und holen die Nazifahne wieder ein. Am Turmausgang werden sie von der SS gestellt. Vor den Garben der Maschinenpistolen können sie sich gerade noch mit einem Sprung über die Friedhofsmauer retten. Plötzlich andere Schüsse, dann Ruhe – die Engländer sind da.

In Münster ist der Krieg noch nicht vorbei. Bei Schloss Wilkinghege haben sich Abiturienten auf Befehl ihres Hauptmanns Phillippsburg eingegraben und sollen mit ein paar Gewehren die britischen Panzer aufhalten. Die Panzer kommen von Nienberge und rollen an den Jungs vorbei. Der Hauptmann befiehlt: Schießt! Die Panzer schwenken um und die Schüler sterben, damit die Parteibonzen in Münster eine halbe Stunde Zeit gewinnen, um noch belastende Akten zu vernichten.

Stunde Null in Münster. Was Montgomerys Panzer nicht geschafft hatten, erledigten später deutsche Nachkriegsarchitekten ...

Das war der letzte Widerstand für die Engländer. Innerhalb der Promenade leben nur noch 17 Familien. Ein Mädchen schreibt: »Die Adlerie ergab sich und die Oberrichkeit floh ...« Münsters Gauleiter Meyer entkam zunächst in den Teutoburger Wald. Dort irrte er tagelang herum. Er wanderte bis ins Weserbergland. Aber sein Durchhaltewille war gebrochen. Er erschoss sich Anfang Mai im Wald.
Zur gleichen Zeit bekommt der brave Horstmöller seinen ersten Auftrag als Bürgermeister: Der britische Officer sagt: »Ich habe viel von Deutschland gesehen, kaputte Städte, Trümmer, Elend. Nur – keinen Nazi. Ich will wissen, wie die aussehen. Bring me one.« Tja – da muss Horstmöller passen: »Sorry Sir, aber Nazis haben wir hier nie gehabt ...«

(Erschienen 2005)

Anmerkung:

Die Naziführung traute den Münsterländern nicht: Wegen ihres Katholizismus hielt Goebbels die Westfalen politisch für unzuverlässig; Hitler schimpfte über Münster als »Pfaffenstadt« und wartete sehnsüchtig darauf, mit diesem »Typen Galen« nach dem Krieg »bis aufs i-Tüpfelchen« abrechnen zu können. Umso beflissener versuchte Münsters Gauleiter Meyer einen guten Eindruck zu machen. Als Stellvertreter des Ministers für den gesamten besetzten Osten, Chefideologe Rosenberg, war Meyer ein hohes Tier im Nazireich. Die zusammengesetzten Schilderungen stammen aus einem antiquarischen Buch des ehemaligen WN-Karikaturisten Helmut Müller.

# Die Preußen-Hasser.

## Katholen, Revoluzzer & die »Emsrepublik«: Wie Münster sich vor 90 Jahren fast zum Freistaat erklärt hätte ...

Interessiert hat Deutschland in den letzten Wochen die Politik in Bayern verfolgt – gespannt, aber auch mit einer gewissen Distanz. Bayern gehört zwar irgendwie zur Bundesrepublik dazu, aber in der Wahrnehmung sind »die da unten in Bayern« doch ein anderer Staat, so ähnlich wie das gefühlte Verhältnis der Wessis zur früheren DDR. Die Bayern sehen das aus ihrer Perspektive genauso: Sie verschanzen ihre Folklore hinter dem »Weißwurscht-Äquator« und granteln, wenn sich die Berliner Regierung und andere Preußen in die Angelegenheiten ihres souveränen Freistaates einmischen. In dieser künstlichen Schutzsphäre hegen die Bayern ihre katholisch-konservative Kultur, die in dieser Laborsituation prächtig gedeiht. Kein Wunder, dass auch in anderen Regionen konservative Katholiken neidisch auf das Freitstaatmodell schauen. So dachte auch die schwarzchristliche Zentrumspartei im Münsterland und plante darum die Gründung eines eigenen Staates – die »Emsrepublik«! Aber der Reihe nach ...

Lange ist es her, da gehörte Westfalen zu Preußen. Das konnte nicht gutgehen: Hier die gemütlichen stockkatholischen Münsterländer (so schwarz, dass beim Niesen Ruß rauskommt, sagte man) – dort die preußischen liberalen Protestanten. Dauerknatsch verursachte vor allem die Frage, wer in der Schulerziehung das Sagen hat: Die Kirche (wie der Bischof meinte) oder der Staat (worauf Berlin pochte)? Der preußische Kanzler Bismarck ließ es auf eine Kraftprobe mit Westfalens Katholiken ankommen, die in Steinwürfen frommer Kirchenbesucher auf preußische Polizisten eskalierte. Letzten Endes gewann Münsters Bischof. Seit diesem Kapitel vom »Kulturkampf« blieb das Verhältnis zwischen Kirchenvolk und Reichsregierung dauerhaft gereizt.

Nach dem Ersten Weltkrieg flammte dieser Streit wieder auf. Auslöser war die Übernahme der deutschen Regierung durch die linken Sozialdemokraten. Diese zogen, kaum im Amt, auch schon ein Bündel liberaler Reformen aus der Schublade, die vor allem die Gleichberechtigung der Frauen sowie die Schulpolitik betrafen. Und dann zogen auch noch kommunistische Revolutionsräte durch Berlins Straßen! Den westfälischen Klerikern begannen die Soutanen zu flattern: Schlimm genug, dass die Berliner Regierung aus Protestanten bestand – nun kamen sie auch noch mit roten Revoluzzer-Ideen an! Für die Münsteraner Papsttreuen doppelt ketzerisch!

Doch der Herrgott schien einen Ausweg zu weisen! In Köln hatten sich katholische Regionalpatrioten öffentlich dafür ausgesprochen, das Rheinland aus Deutschland auszugliedern und zu einer eigenständigen Republik zu erheben. Die Nachricht schlug in Münster – und vor allem im Dom – wie eine Bombe ein! Der »Münstersche Anzeiger« brachte das Thema am 25. November 1918 unter der Überschrift »Los von

Berlin!« auf der Titelseite und rief die Leser auf, sich »Anarchie und kommunistische Experimente der Diktatur Berlins nicht länger gefallen (zu) lassen!« Weiter argumentierte der Artikel, die Münsterländer gehörten seit jeher zum selben Volksstamm wie die Rheinländer, während sie mit den eher slawischen Berlinern kaum verwandt seien. Darum wäre es nur natürlich, wenn sich einem rheinischen Freistaat auch die Westfalen anschließen dürften. Der Ruf war unüberhörbar: Nehmt uns mit!

Doch die Kölner kamen nicht zu Potte: Ein gewisser Konrad Adenauer bremste die rheinische Begeisterung durch skeptische Kritik (und nahm damit seinen dreißig Jahre späteren Kanzlerslogan »Keine Experimente« vorweg). Die Münsterländer suchten also neue Gründungspartner: Ein Leserbriefschreiber schlug vor, sich stattdessen mit Hannover und Minden zu einem neuen Staat Niedersachsen zu verbinden (Begründung: Die Ruhrindustrie erdrücke die Landwirtschaft und im Übrigen seien die Rheinländer eigentlich ethnisch fremde Franken ...). Der »Münstersche Anzeiger« brachte eine weitere Option ins Spiel: »Sollen Bürger, Bauern und Kirche in Münster, Coesfeld, Warendorf, Ahaus und Meppen weiter unter dem Berliner Terror dastehen? Sollten wir uns nicht darauf besinnen, dass das Land zu beiden Seiten der Ems einmal eine blühende Geschichte hatte? Sollten wir uns nicht dem ostelbischen Großstadtpöbel entziehen und unsere Bestimmung selbst in die Hand nehmen? Sollte nicht in Münster und nördlich längs der holländischen Grenze eine Emsrepublik entstehen?« Das »befreundete Holland«, so visionierte der Redakteur weiter, sollte »dieser Gründung seinen Schutz leihen«.

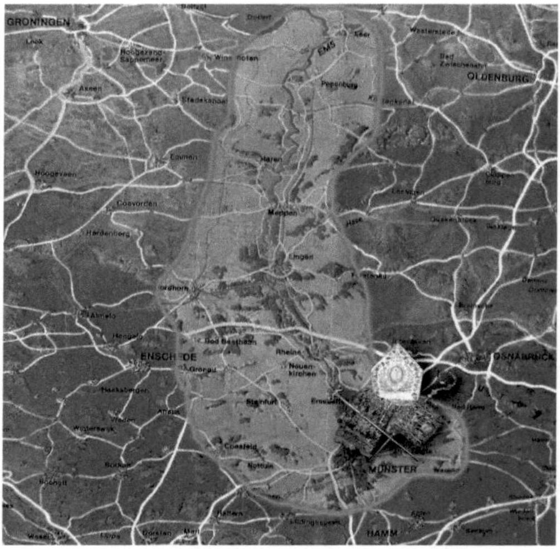


Westfälische Mentalität braucht einen eigenen Staat!
So hätte er ausgesehen – mit Münster als Hauptstadt.
Wer braucht da noch einen Livcom Award?

Die Idee wurde begeistert gefeiert und als Slogan das Motto »Unterm Krummstab ist gut wohnen!« präsentiert. Zentrumspartei und DNVP gründeten in Münster ein gemeinsames »Aktionskomitee«. Auf den Sitzungen wurde den Separationsbestrebungen an Rhein und Ems »lebhaftes Interesse entgegengebracht« und diskutiert, wie man den Holländern das Projekt als »westdeutschen Pufferstaat« schmackhaft machen könne. Ein paar kleinliche Spießer meldeten zwar Bedenken an, ob die Region zwischen Münster und Oldenburg denn für einen Staat groß genug sei und wohl wirtschaftlich bestehen könne, doch die in große Fahrt gekommenen Fans der Münster-Nation veröffentlichten schon mal eine Resolution mit einer unverhohlenen Drohung in Richtung Berlin: »Sollte die Regierung nicht in kürzester Zeit die Herbeiführung geordneter Zustände erwirken, wird die Volksbewegung zur Gründung einer westlichen Republik als deutschem Bundesstaat führen!«

Ein praktisches Kriterium der Eingemeindung hatte man auch schon gefunden: »Die niederdeutsche Sprache« sollte »das gemeinsame Band« der neuen Emsländer sein. Die Amtssprache wäre somit Plattdeutsch gewesen. Vielleicht hätte es zweisprachige Verkehrsschilder gegeben: Mönster/Münster. Der Bischof wäre als Kirchenoberhaupt seines eigenen Ministaates sogar zum Westfalen-Papst aufgestiegen!

Doch dieser Traum zerplatzte jäh schon wenige Tage später: Am 12. Dezember 1919 bekamen die Zentrumspolitiker auf einer Sitzung in Hamm plötzlich Angst vor der eigenen Courage. Dazu trug der Dortmunder Verleger Lambert Lensing (!) bei, der eine Ablehnung der westfälischen Industrie signalisierte. Als den Delegierten zudem klar wurde, dass eine Ablehnung der Staatsgründung durch die Berliner Nationalversammlung ein Spiel mit dem Bürgerkrieg bedeutete, wurde das abenteuerliche Unternehmen kurzerhand auf unbestimmte Zeit vertagt – und schnell von der Geschichte vergessen.

Ist auch besser. Eine Weiterverfolgung hätte womöglich zu einem endlosen Separatisten-Terror nach Art der IRA oder ETA geführt. Stellt Euch das mal vor: »... Und hier die Nachrichten aus dem Münsterland: Bei einem Bombenanschlag in Ostbevern explodierte heute früh ein Trecker. Zu dem Attentat bekannte sich ein

»Kommando Schwester Euthymia« der katholischen Untergrundbewegung Freies Emsland ...« Na, da haben wir aber nochmal Glück gehabt!

(Erschienen 2008)

Anmerkung:

Auf diese bizarre Story stieß ich zufällig durch wenige magere Zeilen in einem Münster-Buch. Seltsamerweise fand ich nirgends eine ausführliche Schilderung, obwohl schon die wenigen Andeutungen eine tolle Realsatire versprachen. Erst im Stadtarchiv entdeckte ich eine Diplomarbeit aus den 1970ern über die Emsrepublik und mit Hilfe der genauen Daten auch die alten Zeitungsartikel. Die Vorstellung eines westfälischen Freistaates erscheint paradiesisch: Vielleicht hätten wir heute keinen Euro und wären nicht mal in der EU ... hach, man wird ja wohl noch träumen dürfen ...

# Geisterstunde.

## Gespenster, Spuk & fauler Zauber – Gruselgeschichten aus dem Münsterland.

Wir leben im Informationszeitalter; und Information ist an sich das Gegenteil von Aberglaube (auch wenn »Verbraucherinformation« oft was Gruseliges ist ...). Glauben heißt schließlich nicht wissen. Trotzdem geistern etliche Gespenster durch unsere moderne Medienwelt: Das »Gespenst des Krieges«, das »Gespenst der Arbeitslosigkeit« oder »das Gespenst der Globalisierung«. Auch die »Geister der Vergangenheit« werden von Zeitungen beschworen, etwa »das Gespenst des Kommunismus«. Die aufgeklärte FAZ nannte das Internet sogar »ein Geisterreich«. Mit diesem modernen Gespenster-Phänomen befasst sich die Literaturforscherin Frau Prof. Dr. Martina Wagner-Egelhaaf, die im vergangenen Jahr sogar einen Kongress zum Thema Mediengespenster in Münster organisierte. Ihre These: »Wir sprechen immer dann von Gespenstern, wenn große, problematische, schwer erklärbare Phänomene zu beschreiben sind; wenn sich komplexe, abstrakte Zusammenhänge nicht klar darstellen.« Schattenhafte Erscheinungen spuken durch den Blätterwald: Laut Prof. Dr. Wagner-Egelhaaf sind selbst Fakten, Fakten, Fakten manchmal nur Schauermärchen: »Fakten entstehen nicht nur durch reale Vorkommnisse, sondern weil alle Welt von etwas redet, weil etwas herbeigeredet wird.« Während also heute die Gespenster hauptsächlich in den Köpfen spuken – etwa wenn die Medien unablässig das Gespenst der Konjunkturkrise beschwören und herbeizitieren – ging es in früheren Zeiten wesentlich handfester zu.

Wer alte Quellen studiert, dem fährt der Schrecken in die Glieder: das Münsterland ist randvoll mit Spuk und unheimlicher Zauberei! Schon die gute alte Annette wusste ja: »Schaurig ist's, übers Moor zu gehen!« Und das aus gutem Grund: Im Venner Moor, in der Wiedau zwischen Steinfurt und Borghorst sowie im Naherholungsgebiet Davert tummeln sich untote Unholde in Massen, etwa der Ritter Meinhövel. Der hatte nämlich selbst an hohen katholischen Feiertagen das Saufen nicht seingelassen und muss deshalb bis zum Sanktnimmerleinstag durch das Münsterland randalieren. Sein Kollege, Ritter Dietrich von Schönebeck, erschreckt bis heute Badende am KaÜ, wenn er durch die Emswälder spukt. Er soll 1284 seinen Burgkaplan erstochen haben, weil dieser sonntags die Messe nicht ausfallen lassen wollte, damit Schönebeck am Wochenende seinem Jäger-Hobby nachgehen konnte. Dafür gab's zusätzlich zum weltlichen Strafmaß auch noch »ewiges ruheloses Umherirren.«
Wem in der Davert eine schwarze Kutsche mit vier schwarzen Pferden im Höllentempo die Vorfahrt nimmt, kann sich sicher sein, dass darin der verfluchte Renteimeister Schenkewald von Schloß Nordkirchen durch die Heide rast ... Die meisten Untoten wurden übrigens wegen relativ kleiner Geschäftsbetrügereien (Schneider mit zu kurzen Ellenmaßen, Händler mit zu

leichten Gewichten etc.) zur ewigen Verdammnis und Wiedergängerei verflucht. Wenn das heute z. B. bei Handwerkern, Autowerkstätten oder der Deutschen Bahn auch noch gilt, müssen die Untoten im Venner Moor aber ganz schön zusammenrücken!

In den Baumbergen bei Schapdetten trifft man (bei Vollmond) evtl. auf zwei Mörderseelen, die dort um 1700 wegen folgenden Verbrechens hingerichtet wurden: In dem Lokal »Adams Hoek« beobachteten sie ein altes Mütterlein, das beim Bezahlen auffällig lange in ihrem Geldbeutel kramte und murmelte: »Tausend, tausend, aber keinen einzigen Pfennig.« Um die vermuteten tausend Taler zu erbeuten, folgten sie der alten Dame durch die Baumberge und schlugen sie in der Nähe von Tilbeck tot. In dem Geldbeutel fanden sie tausend – Nägel! In der Hohen Ward bei Hiltrup kann man – gerade jetzt zu Ostern – mehr Glück haben, als diese beiden groben Gesellen: Dort liegt nämlich laut Legende der riesige Goldschatz eines Sachsenkönigs in der Erde versteckt (B54 Richtung Süden, hinterm Kanal links. In der Nähe der Parkplätze liegt beim alten Zollhaus ein Platz, der von mehreren Hügeln umgeben ist – da liegt der Schatz). Immer am Karfreitag (aber nur in mondloser Nacht!) will der tote König aus seinem Grab heraus und macht dabei oft stundenlang Lärm. Die Anwohner der Bauernschaft bestätigen, dass man in manchen Nächten Geschrei, Gejammer und Gehämmer hört. (Ob der König dann raus, oder ein betrunkener Schatzsucher herein will ist allerdings ungewiss ...).

Ob man's glaubt oder nicht: selbst der heilige Ludgerus, der die wotansgläubigen Münsteraner missionierte, hat nach seinem Tod anno 809 herumgespukt: Nachdem er in Billerbeck gestorben war, wurde er in Münster beerdigt. So gut scheint es ihm aber hier gar nicht gefallen zu haben: Laut Legende hat er seinen Sarg selbst wieder ausgebuddelt und gerufen: »Hier will ich nicht begraben sein!« (Das hat wohl schon so mancher über Münster gesagt ...). In Verden gab er schließlich Ruhe und blieb liegen. Bei all diesen Spukgeschichten ist es keine Hexerei, dass der Gespensterglauben in Westfalen tief verwurzelt ist: Als Anfang der 90er Jahre am Guten Hirten eine Neubausiedlung entstand, sträubten sich die Anwohner mit Klauen und Zähnen gegen die Absicht der Stadtverwaltung, eine Ringstraße nach dem letzten Opfer des Hexenwahns in Münster zu benennen. Man wolle auf keinen Fall, so die Kläger, »in einer Straße wohnen, die nach einer Hexe benannt ist!« Obwohl die Stadt den Straßennamen trotz des Widerstandes durchsetzte, ist bis heute kein Fall bekannt, in dem bei den Anwohnern plötzlich die Milch sauer wurde, das Vieh verendete oder die Kinder gestorben sind.

Etwas außerhalb von Münster ist man dem Unwesen von Geistern dagegen auf die Spur gekommen! Vor einiger Zeit bot ein »Schamane« den Mietern eines Spätbarock-Herrensitzes am Rand der Baumberge seinen Service als Geisterjäger an. Der Mann aus der Mongolei stellte sich als kompetenter Partner in Geisterjagd seit drei Generationen vor. Er befand sich auf einer »Tournee« durch Deutschland und wurde von einer deutschen »Agentin« betreut, über die man die Dienste buchen konnte. Der Schamane nahm zunächst das ganze Schloss professionell in Augenschein. Dabei erklärte er (als Tipp für Do-It-Yourself-Geisterjäger), dass es wichtig ist, von oben nach unten vorzugehen, denn das Ziel ist es, die Geister in den Boden zu treiben. Hierbei wurde der Schamane an verschiedenen Stellen fündig, z. B. entdeckte er in einem Sanitärraum (für nicht-professionelle Menschen unsichtbar) eine schwarzgekleidete, kauernde Gestalt. Nach der Expertise konnten die Mieter der betroffenen Wohnungen sich dazu entschließen, den Auftrag zur gründlichen Beseitigung der ungebetenen Mitbewohner zu erteilen – für einen angemessenen Meister-Stundenlohn. Dazu zog der Schamane zunächst seine »Arbeitskleidung« an: ein farbenprächtiges Gewand mit vielen Glöckchen und Schellen. Dann zwang er die ätherischen Untermieter durch eine wüste Radau-Zeremonie mit Gesang, Tanz und Musik zur Räumung. Die Aktion war in der Mietergemeinschaft nicht unumstritten: Einige meinten, in einem so alten Gebäude sei es plausibel, dass die Materie (sprich Mauern) auf Dauer Informationen (»Geister«) speichere und von Zeit zu Zeit »gereinigt« werden müsse. Die Skeptiker hielten den Schamanen dagegen für einen parasitären Scharlatan. Immerhin sorgte es für einen gewissen Schauer, als sich herausstellte, dass das WC mit der »knieenden schwarzen Frau« in früheren Zeiten die Schloss-Kapelle war ... »Seltsam, aber so steht es geschrieben.« (Bastei-Gespenster-Comics)

(Erschienen 2003)

Anmerkung:

Wozu ein Lexikon des Aberglaubens vom Flohmarkt doch noch verwertet werden kann ... am besten finde ich die Geschichte mit der Geisterkutsche, die durch die Davert kurvt. Ich stelle sie mir in etwa so vor, wie die Kutsche im Film »Nosferatu« von 1927 oder die Wagen der Geisterbahn auf dem Send. Der Garantieschein des Geisterjägers für das Schloss Stapel ist inzwischen abgelaufen und müsste dringend mal erneuert werden.

Ganz Abergläubische sind übrigens überzeugt, dass Münster auf keinen grünen Zweig mehr kommt, seit man aus dem heidnischen Opfergrab am Domplatz das Pferdeskelett entfernt und ins Museum gebracht hat.

# Tot am Emsstrand.

# Auf Lauheide der Bronzezeit.

Warendorf ist heute ja nun nicht gerade eine pulsierende Metropole. Aber früher war hier richtig was los! Damit meinen wir nicht die 80er oder 70er Jahre, sondern die Bronzezeit. Vor etwa 3.000 Jahren war Warendorf total hip. Jahrtausende vor Christus war das Emsgebiet ein Verkehrszentrum – und Boomtown Warendorf mittendrin!
Davon ist sogar noch was übrig: Das größte zusammenhängende Gräberfeld der Bronzezeit in Nordeuropa. Sozusagen ein Friedhof Lauheide der Frühzeit. Die Münsteranerin Dr. Barbara Rüschoff-Thale hat die Ausgrabungen dokumentiert und dabei erstaunliche Erkenntnisse gewonnen.

Das Emsufer bei Bronzezeit-Warendorf war eine chillige Dünenlandschaft. Sogar Bernstein konnte man am Emsstrand finden, hinterlassen von den Gletschern der letzten Eiszeit. Der Klauenberg, immerhin für Westfalen stolze 70 Meter hoch, bot Schutz vor Wind. Kiefern und Birken wuchsen hier (Eichen gab's damals nur in Süddeutschland). In der Bauernschaft Neuwarendorf, hundert Meter von der Ems, fanden die Hominiden den idealen Campingplatz.

3.000 Jahre später, Anfang des 20. Jahrhunderts, fing man hier an, Sand für Kalksandsteine zu fördern. Dabei stießen die Arbeiter immer wieder auf Scherben, Knochen und sonstiges »Gedöns«. Lange wurde das lästige Zeugs, das im Sandsieb hängenblieb, einfach weggeschmissen. Erst nach dem II. Weltkrieg interessierten sich Archäologen für die Funde. Mitte der Siebziger finanzierte die Uni Groningen eine ausgedehnte Untersuchung des Areals. Auf einem Gebiet von 500 Metern Länge und 300 Metern Breite fand man 341 frühzeitliche Gräber mit den Resten verbrannter Leichen. Die Niederländer entwickelten ein Verfahren, um das Alter verkohlter Knochen bestimmen zu können. So wurde ermittelt, dass in Neuwarendorf vom 3. Jahrtausend bis 100 v. Chr. Tote beerdigt wurden.

Der älteste Westfalentourist war allerdings schon vor über hunderttausend Jahren hier: Ein Neandertaler. Bis 1997 lag er sechs Meter tief im Torf, bevor ihn ein Hobbyforscher fand. Der Höhlenmensch war etwa Mitte Zwanzig, als er am Kottruper See aus den Latschen kippte. Allgemein war das Klima im Münsterland noch kälter damals, es war ja erst kurz nach der Eiszeit. Da holt man sich schon mal was weg. Befund: Geschwür am Kopf und Knochenentzündung. Bei dem Neandertaler wurden ein Faustkeil, ein Steinmesser und ein Schaber gefunden. Operation gelungen, Patient tot – wurde er Opfer steinzeitlichen Ärztepfuschs? Die Forscher meinen übrigens, der Neandertaler habe keinen Beitrag zum heutigen menschlichen Genpool geleistet. Wenn ich mir die Physiognomie von Volker Pispers ansehe, wäre ich mir da nicht so sicher ...

Da war es in der Bronze- und frühen Eisenzeit erheblich gemütlicher. Darum wurde vor allem gerne gegrillt. Im Münsterland tummelten sich Mammuts, Wollnashörner, Moschusochsen, Wildpferde, Rentiere und Riesenhirsche, wie man an den Resten der Barbecue-Plätze ablesen kann. Mjam. Sogar Löwenknochen fand man in der Asche!

Doch soviel Gegrilltes soll ja überhaupt nicht gesund sein. 1997 fand eine Warendorferin beim Baden im Baggersee einen jungen Mann, dem es gar nicht gut ging. Obwohl der etwa 30-jährige stattliche 1,80 m groß war, diagnostizierten ihm die Mediziner eine Schwächung des Knochenbaus durch falsche Ernährung in seiner Kindheit vor dreitausend Jahren (»Ngg, iss nicht so viele Mammut-Burger!« Das kommt davon!).

Aus den abgeriebenen Zähnen des Neandertalers schlossen die Forscher weiter, dass er großem Stress ausgesetzt gewesen sei und oft mit den Kiefern geknirscht habe. Vielleicht war der gestresste Steinzeitmanager ja Parkplatzwächter auf dem Großfriedhof Neuwarendorf: Auf der zehn Meter breiten (!) Durchgangsstraße wurden zahlreiche Radspuren nachgewiesen, es muss also ein ziemlicher An- und Abfahrtsverkehr geherrscht haben.

Neulich in der Bronzezeit:
Ngg Schmidt ärgert sich über den Warendorfer
im Einbaum vor ihm.

Kein Wunder, dass die Bestatter der Frühzeit gut zu tun hatten: Gestorben wurde immer und in jedem Alter. Unter den 341 Toten sind vom Säugling bis zum über 60jährigen Johannes Heesters der Bronzezeit alle Altersklassen vertreten. Am häufigsten erwischte es die Menschen zwischen 30 und 40 Jahren.

Bei der Gestaltung der Grabanlagen wurde viel Wert auf Individualität gelegt (Die Friedhofsordnung wurde erst 3.000 Jahre später erfunden ...). Über 128 verschiedene Grabtypen machten die Archäologen aus, z. B. das Längsgrab mit Baumsarg in rustikaler Weide und mit schlüssellochförmiger Einhegung. Der Klassiker war allerdings das Urnengrab mit kreisrundem Holzzaun. Frauen liegen mit dem Kopf nach Osten; die Männer Richtung Westen.

Auch bei den Grabbeigaben zählte Exklusivität. Waffen für den Herrn, Schmuck und Haushaltswaren für die Dame. Bei den Töpferwaren war Importware aus England besonders schick. Englisches Design war auch bei Messern sehr gefragt. Daneben finden sich Leder, Muscheln, Geweihe und Gefäße aller Art, deren Formgebung an die Ergebnisse von VHS-Töpferkursen erinnert.

Manche haben gedengelte Dolche und Lanzen, andere Rasiermesser, weitere Nadeln und Nägel für die Reise ins Jenseits eingesteckt. Doch einen Gegenstand trugen alle: die Pinzette. Die Pinzette war sozusagen das Handy der Bronzezeit, ohne das kein Homo Sapiens aus der Höhle ging. Warum das so war, weiß niemand. Vielleicht, weil sich die Urmenschen ständig die Kiefernnadeln in die Füße traten? Oder aufgrund einer psychologisch geschickten, prähistorischen Werbekampagne (»Ngg-Pinzetten – für mehr Paarung und Fleisch im Leben!«)? Auch Feuerzeuge, bestehend aus verschiedenen Feuersteinen, trugen einige Tote in Futteralen am Gürtel. Die Anmachtour »Haste mal Feuer« funktionierte also schon in der Bronzezeit! Die wichtigste Grabbeigabe war jedoch Brot. In allen Särgen und Urnen findet sich Sauerteigbrot aus Weizenmehl. Pumpernickel ist also wohl eine Erfindung der Neuzeit.

Nicht nur Menschen, sondern auch Haus- oder besser Höhlentiere wurden pietätvoll bestattet: Zwischen den Toten wurde auch ein Hundegrab mit Spielzeug für den Bronzezeit-Bello entdeckt.
Schon unter den ersten Bestattungsunternehmern scheint es Schlitzohren gegeben zu haben: Im Holz einiger Baumsärge wurden 3.000 Jahre alte Holzwürmer nachgewiesen.

Und noch ein Problem plagte die frühzeitliche Friedhofsverwaltung: Einige Gräber sind bereits zu ihrer Zeit verwüstet worden. Grabräuber? Leichenschändung? Oder jugendlicher Vandalismus? (»Diese Hools von heute! In der Eiszeit hat's das nicht gegeben!«) Die Forscher glauben an vorsätzliche Grabräuberei, weil offenbar gezielt die großen Waffengräber angegraben wurden.

Wer noch mehr über die Neuwarendorfer der Bronzezeit wissen will, kann ja mal ein bisschen im Kottruper See gründeln: Die Überreste von 13 Toten aus der Grabanlage werden bis heute gesucht.

(Erschienen 2009)

Anmerkung:

Manche Geschichten, die sich lustig lesen, sind richtig harte Arbeit. So wie diese hier. Denn das Quellenbuch ist ein Fachliteratur-Wälzer von etlichen hundert Seiten und die wenigen interessanten Stellen sind gut in endlosen Kapiteln voller dröger Zahlen, lateinisch-griechischer Fachtermini und technischer Details versteckt. Die verwertbaren S(ch)ätze auszugraben, kostet nicht nur Stunden, sondern auch Nerven. Ich mein', warum beschweren sich die Archäologen, dass ihre Arbeit nicht wertgeschätzt wird, wenn sie nicht populär erzählen können, was daran so spannend ist?

# LOKALPOLITIK

# Vorsicht, Gift!

## Das »Gefahrgutlager Lehnkering« blockiert die Weiterentwicklung von Münsters Mittelhafen zum Kreativkai II mit »Jovel« und anderen Investoren.

Es könnte alles so einfach sein: Wenn der Mittelhafen vom Industriegebiet zum Gewerbegebiet zurückgestuft würde. Denn dann dürfte der Kreativkai zum Wohngebiet werden (weil Wohn- und Industriegebiete nicht direkt aneinander grenzen dürfen; Wohn- und Gewerbegebiete dagegen schon). Und dann würde der Mittelhafen plötzlich als neues Szeneviertel boomen, die Erschließung des Münsteraner Südens zwischen Hafen und Hawerkamp neuen Antrieb kriegen, Steffi Stephan endlich sein neues Jovel bekommen – und alle wären happy.

Eine Vision von Münsters Hafen ohne Gefahrgutlager. Stattdessen endlich mit einer Radfahrerbrücke zum Mittelhafen!

Doch ein einziger Stein in diesem Malefizspiel blockiert alles: das Gefahrgutlager der Firma Lehnkering. Wegen des Gefahrgutlagers kann der Mittelhafen kein Gewerbegebiet werden, darum darf man am Hafenweg nicht wohnen. Darum keine Weiterentwicklung, kein neuer Szenekai, kein Jovel. Das ist die Situation – ein lustloses Hängen und Würgen.
Alle Lokalzeitungen haben dieses Thema schon hin- und hergedreht. Aber alle schreiben immer nur lapidar vom »Gefahrgutlager Lehnkering«. Wir wollten mal wissen, was es damit genau auf sich hat. Und siehe da: Es ist wirklich ganz schön gefährlich.

Das Unternehmen Lehnkering ist nicht irgendein Krauter. Lehnkering ist ein weitweit tätiger Logistikkonzern und auf Transport und Lagerung von Gefahrgütern spezialisiert. Lehnkering hat Niederlassungen in ganz Europa, davon über 30 in ganz Deutschland. Der Hauptsitz liegt in Europas größtem Binnenhafen in Duisburg. Das Gefahrgutlager in Münster ist eines der größten, die Lehnkering unterhält. Auf mehr als 20.000 Palettenstellplätzen lagern insgesamt 6.570 Tonnen Gefahrstoffe. Dabei handelt es sich laut Auskunft der Bezirksregierung Münster ausschließlich um Pflanzenschutzmittel. Diese werden auf speziellen Gefahrguttransportern angeliefert und zwischengelagert, um irgendwann auf demselben Weg wieder abgeholt und zu ihrem Bestimmungsort transportiert zu werden. Die Pflanzengifte werden in Münster nur gelagert, weder umgefüllt noch abgepackt.

Die Genehmigung zur Lagerung der Biozide hat die Bezirksregierung nach einem normalen Verfahren erteilt. Weil die Stoffe giftig und brennbar sind, gehört eine regelmäßige Brandschau durch die Feuerwehr zu den Auflagen. Zuletzt wurden die beiden Lagergebäude im Dezember 2006 durch die münstersche Feuerwehr inspiziert. Laut Dr. Langenberg, dem Abteilungsleiter für vorbeugenden Brandschutz, war dabei alles in Ordnung. Behälter und Lagerung entsprachen allen Vorgaben des Bundes-Immissionsschutzgesetzes (BImSchG) und die Maßnahmen zur Begrenzung von Pannen der Störfall-Verordnung des Landes NRW. Also alles in Ordnung? Hm, na ja ...

Früher baute man solche Gefahrgutlager gerne an Hafenbecken, wegen der günstigen Löschwasserversorgung. Denn um so ein Lager zu löschen, braucht die Feuerwehr mindestens 3.000, optimal 5.000 Liter Löschwasser pro Minute. Außerdem ist in Stadthäfen der Abstand zu den nächsten Wohnhäusern weit genug. Also liegt das Lehnkering-Lager am Hafen doch prima, oder? Nicht ganz: Denn Pflanzenschutzgifte gehören in die höchste Klasse der Gewässer gefährdenden Stoffe (Stufe 3 von 3). Schon ab nur einer Tonne dieses Zeugs muss sichergestellt sein, dass kein kontaminiertes Löschwasser bzw. kontaminierter Schaum zurück in die Kanalisation oder das Hafenbecken laufen kann. Dazu müssen Rückhaltebecken für das vergiftete Löschwasser vorhanden sein, die so groß sind, dass ihr Inhalt für die angenommene Löschwassermenge ausreicht. Dafür wäre am Mittelhafen gar kein Platz.

Durch den Kreativkai ist der private Publikumsverkehr inzwischen bedenklich nah an das Gefahrgutlager herangerückt. Zum Beispiel können brennende Pflanzenschutzmittel in Verbindung mit Wasser giftige Dämpfe erzeugen. Nicht besonders jovel, wenn gegenüber vom Coconut Beach bis zum Pierhouse Leute flanieren.

Die Störfall-Kommission des Bundesministeriums für Reaktorsicherheit empfiehlt in ihren aktuellen Richtlinien einen Abstand für neue Gefahrgutlager zur nächsten Wohnbebauung von mindestens 200 Metern (in der niedrigsten Abstandsklasse I). Bei Chemikalien wie Chlor, Phosphor oder Fluor, die in manchen Pflanzenschutzmitteln enthalten sind, wird sogar ein Abstand von bis zu einem Kilometer empfohlen! Die Besucher des Coconut Beach prosten sich gerade mal 20 Meter entfernt von Lehnkering zu.

Zu den gängigen Pflanzenschutzmitteln zählen nicht nur Pestizide, Herbizide, Insektizide und Fungizide, sondern auch Wachstumsregler. Die Inhaltstoffe solcher Präparate sind nicht von Pappe. Die Weltgesundheitsorganisation WHO stuft insbesondere einige Insektengifte als »hoch- bzw. extrem gefährlich« ein (WHO-Klassifizierung Ia bzw. Ib). Und dabei kann man nicht mal sicher sein, dass drin ist, was draufsteht, denn die europäische Pflanzenschutzvereinigung ECPA alarmiert aktuell vor rasant zunehmenden Produktfälschungen bei Pestiziden! Wie Rolex-Uhren oder Marken-Klamotten werden auch Gärtner-Gifte immer öfter billig kopiert. ECPA spricht von »kaum abschätzbaren Risiken für Umwelt und Gesundheit.« Die Experten gehen davon aus, dass an der spanischen Almeria, wo unsere Discounter-Tomaten herkommen, schon 25 % (!) aller Spritzmittel dubiose Fälschungen sind!

Wenn der Standort des Lehnkering-Lagers also von den Sicherheitsstandards eigentlich überholt ist, warum bietet der Stadtrat den Betreibern nicht einen Ersatz »auf der grünen Wiese« (wo man alle modernen Sicherheitsbestimmungen optimal einhalten könnte) oder eine Abfindung in bar an? Bisher, so klagt ein Immobilien-Insider am Hafen, gab es im Stadtrat eine recht anachronistische Haltung, die sich so ausdrücken lässt: Wir haben schon so wenig Industrie in Münster, da wollen wir das letzte bisschen nicht auch noch selbst verdrängen. Ebenso argumentierte die CDU-FDP-Mehrheit neulich im Planungsausschuss. Stadtdirektor Hartwig Schultheiß sagte, man wolle »keinem Verdrängungswettbewerb Tür und Tor öffnen und keine Arbeitsplätze gefährden.« Ob das Gefahrgutlager vor dem Vertragsende 2016 verschwinde, sei »einzig und allein Sache der Firma Lehnkering«.

Münster soll also die nächsten acht Jahre warten, bis es auf der südlichen Hafenseite endlich weitergeht. Dass die Zahl der neuen Arbeitsplätze in Gastronomie, Dienstleistung, Handel etc., die bei einer Neuerschließung des Mittelhafens entsteht, die paar Stellen der wenigen Industriearbeiter im Hafen vielfach übersteigen würde, kann sich jeder selbst ausrechnen. Warum eigentlich der Stadtdirektor nicht?

(Erschienen 2008)

Anmerkung:

Inzwischen haben wir Ende 2009 und wir sind immer noch nicht viel weiter. Das Gefahrgutlager soll zwar voraussichtlich vor Ende der Pacht schon 2012 verschwinden. Allerdings nicht ins Nirwana, sondern in das dann neu zu errichtende Gewerbegebiet Amelsbüren. Doch dessen Planung wird von Naturschützern torpediert. Es ist verzwickt: Einerseits will man das Gift aus der Stadt haben, andererseits die grüne Wiese erhalten ... hach, Wale retten ist dagegen irgendwie einfacher!

# Der Methangastümpel.

## Bagger, Bauern, Blaualgen: Ist der Aasee noch zu retten?

In einer französischen Oper der Belle Epoque stellt das Ballett Schlittschuhläufer dar, die auf den zugefrorenen Wiesen vor den Toren der Stadt Münster übers Eis gleiten. Da die damalige Bühnentechnik keine echte Eisfläche zuließ, montierte man kurzerhand Rollen unter die Schlittschuhstiefel. Nach dieser Legende hängt Münsters Aasee direkt mit der Erfindung des Rollschuhs zusammen. Ob's stimmt? Wer weiß ... Nachprüfbar ist hingegen, dass die Wiesen der Aa-Niederung vor dem Aegidii-Stadttor in früheren Zeiten des Winters zufroren und den Münsteranern eine ideale Schlittschuhbahn lieferten. In jedem darauf folgenden Frühjahr verwandelte sich das Terrain allerdings in ein sumpfiges Überschwemmungsgebiet, das häufig die Ausmaße des heutigen Aasees erreichte. Der legendäre Gründer des alten Zoos, der olle und schräge Professor Landois, kam deshalb auf die Idee, an Stelle der Feuchtwiesen einen See anzulegen. Aus Kostengründen wurde der Vorschlag zu Landois' Lebzeiten als utopisch abgelehnt.

1914 holte man den vergessenen Plan wieder aus der Schublade und begann mit den Ausschachtarbeiten. Überwiegend Italiener, die man in Baracken in der

Nähe der Sentruper Höhe verstaut hatte, nahmen den Spaten in die Hand, während die Münsteraner über die fremde Esskultur der »Makkaronis« staunten. Die Arbeit kam nicht weit voran, der Kriegsausbruch legte das Projekt still. Nach der Niederlage und den astronomischen Reparationsforderungen erinnerte man sich des Aasees als willkommene Arbeitsbeschaffungsmaßnahme. Deutsche Arbeitslose übernahmen jetzt die Schüppen aus den Händen der polnischen und russischen Zwangsarbeiter, die während des Krieges noch ein bisschen weitergestochert hatten. 1922 hatte Bürgermeister Sperlich die angenehme Aufgabe, Münsters städtisches Naherholungsgebiet einzuweihen. 1973 spendierte das Land NRW der Stadt die nötigen Milliönchen, um den inzwischen äußerst beliebten Minisee zu verdoppeln. Eine holländische Spezialfirma baggerte den Aasee auf eine Länge von 2.300 Metern aus. Honorige Westfalen mit Pferdeallergie gründeten gleich einen Segelclub und das flottenweiße Motorschiff »Landois« tuckert seitdem stolz durch die Wogen. Städteplaner bescheinigten der münsterschen Verwaltung; bei der Planung des idyllischen Naherholungsgebietes »eine glückliche Hand« gehabt zu haben.

Ob sie dieses Lob heute wiederholen würden, ist eher zweifelhaft, denn der Aasee lebt mit einem schweren Geburtsfehler, und der zeigt derzeit wieder mal schwerwiegende Folgen: Der Aasee ist mit seinen gerade mal zwei Metern Tiefe ein Flachwasser-See. Um sich selbst biologisch dauerhaft zu regenerieren, müsste ein Gewässer dieser Oberflächenausdehnung jedoch mindestens 6 bis 8 Meter tief sein! An heißen Tagen wird der Aasee oft schlagartig so warm wie das Babybecken im Schwimmbad. Folge: die Grünalgen sterben ab und produzieren keinen Sauerstoff mehr; verrottende Algenreste entziehen dem Wasser noch den letzten Rest davon ... und die Fische treiben kieloben. In den letzten Jahren ist man sich bei der Stadt dieses Problems durchaus bewusst geworden. Man hat Studien in Auftrag gegeben, wissenswerte Ergebnisse herausgefunden und an vielen Stellen sogar für teures Geld die in den 70ern so topmoderne Flussbegradigung in Betonröhren wieder in den natürlichen Zustand zurückversetzt. Trotz hoher Motivation leider ohne Erfolg, denn es haben sich die von Aa, Meckelbach und Gievenbach einströmenden Nährstoffmengen aus synthetischen Düngern nicht verringert. Immer noch fließen pro Jahr 1.640 Tonnen (!) Nitrat und 38 Tonnen Phosphat in den Aasee. Das Phosphat stammt aus der Landwirtschaft, wo es auf den Äckern für üppiges Wachstum sorgt. Das tut es im Aasee auch: Blaualgen gedeihen hier hervorragend, dank der 10-fachen Menge der wasserverträglichen Dosis. Was den Blaualgen bestens bekommt, ist der Tod der Fische: Die Bildung von Ammoniak und Nitrit bei hohen Sommertemperaturen lässt die Eimer der Angler leer ausgehen.

Blaualgen bilden am Ufer grünlich schimmernde, schaumartige Teppiche. Diese sehen nicht nur eklig aus, sondern sind sogar für Menschen giftig: Die WHO warnt vor Schädigungen an Leber, Nasenschleimhäuten, Nervensystem und vor allergischen Reaktionen durch die toxischen Bakterien. Besonders betroffen ist die Freitreppe an den Betonkugeln und der Steg des Segelclubs Münster SCM. Dort wurden im letzten Sommer kritische Spitzenwerte gemessen. Zu dieser Zeit war in einer Wassertiefe von unter 50 cm kein Bläschen

Sauerstoff mehr vorhanden, während sich am Grund bereits Methangas bildete. Der See drohte vollständig umzukippen. Nur die plötzliche Abkühlung des Wetters und einige Regentage verhinderten dies zufällig. Findige Ingenieure haben inzwischen Phosphatfilter entwickelt und mit einigem Erfolg (und noch mehr PR-Tamtam) etwa im Berliner Schlachtensee oder am Halterner Stausee getestet. Eine Studie der Stadt Münster bemerkt hellsichtig, dass es am besten wäre, die Phosphateinleitung sozusagen »an der Quelle zu vermindern« und nennt »Flächenstillegung, extensive Landwirtschaft in Gewässernähe oder ökologischen Landbau« als vernünftige Alternativen. Davon wollen die Münsterländer Landwirte aber nix wissen. Die westfälischen Knäbbels denken nicht daran, den Segnungen der chemischen Industrie goodbye zu sagen. Stattdessen fühlt man sich ungerecht behandelt: »Statt den Aasee zu entschlammen, ist es offenbar günstiger, die Verantwortung von sich zu weisen und die Landwirtschaft zu beschuldigen. Die Probleme ließen sich auch durch Stilllegungen nicht beseitigen, solange die Wasserqualität nicht durch technische Maßnahmen angehoben wird.« Wenn der Bauer nicht schwimmen kann, liegt's also an der Wassertiefe – jedenfalls nicht am Kunstdünger.

Die Stadt beharrt dagegen darauf, mit Renaturierungen etc. ihre »Hausaufgaben gemacht« zu haben. Jetzt, so meint man, müssen die Bauern nachziehen. Aber die sind – besonders in Westfalen – stur. Dabei ist es insofern richtig, dass es für die Stadt tatsächlich »günstiger« wäre, wenn die Bauern mit dem Phosphat sparsamer umgingen, denn das Ausbaggern des Aasees würde ca. 50 Mio. Euro kosten. Das können sämtliche

Falschparker des Münsterlandes beim besten Willen nicht einbringen. Die clevere CDU hat deshalb die Verwaltung beauftragt herauszufinden, inwieweit man EU-Zuschüsse und Landesmittel für die Wiederherstellung des natürlichen Gleichgewichtes im Aasee anbohren könnte. Immerhin: Die Zeit drängt. Denn das unklare medizinische Risiko durch die Blaualgenpest ist selbst den fortschrittsbegeisterten Christdemokraten unheimlich. Deshalb schlägt die CDU vor, »alle Sportarten, bei denen das Risiko besteht, größere Mengen Seewasser aufzunehmen, grundsätzlich zu untersagen, hierzu zählen z. B. Kenterübungen auf dem See, Surfen, Tauchen, Baden. (Anm.: Wer – außer besoffenen Engländern – würde wohl auf die Idee kommen, im Aasee zu baden?!) Für andere Nutzungsarten (Paddeln, Tretbootfahren) muss das Risiko für den Nutzer geklärt werden.« Vom Verzehr von Fischen aus dem Aasee ist veterinärmedizinisch übrigens dringend abzuraten! Also: Die Stadt will nicht (jedenfalls nicht aus eigener Tasche) baggern, die Bauern wollen die Düngung nicht reduzieren. Deshalb guckt man sich gerade nach einem möglichen Ausweg um: Eine münstersche Kommission begutachtet vor Ort am Halterner Stausee das technische Wunderdings, mit dem sich Phosphate neutralisieren lassen. Vom Ergebnis wird man hören. Bis dahin behält Helge Schneider recht, der das münstersche Publikum so begrüßte: »Hallo, hier in Münster am A-A-See!«

Aus diesem Güllewagen fließt keine Jauche in den Aasee – sondern ausnahmsweise ein »Anti-Algenmittel« des Künstlers Tue Greenfort während der Skulpturenausstellung 2007.

(Erschienen 2002)

Anmerkung:

Inzwischen sind die Bakterien sommertags hart im Einsatz, doch ihre Wirkung ist zweifelhaft. Haben nun die Wunderbazillen das Umkippen des Aasees bisher verhindert, oder das kühle Sommerwetter? Jedenfalls machen alle weiter wie immer: Die Bauern düngen und die Stadt denkt nicht ans Ausbaggern. Unterdessen wurde die Parole ausgegeben, dass der Aasee 2010 wieder Badequalität haben könnte, weil Blaualgen und Kolibakterien in den vergangenen zwei Jahren leicht zurückgingen. Den möchte ich sehen, der das freiwillig testet.

# Quadratisch – praktisch – gut.

## Vom Nazi-Weihetempel zum Mediascreen-Tower: In Münster wird an jeder Ecke ständig gebaut ... und das seit Jahrzehnten!

Zu besonderen Jubeltagen lässt sich der Oberbürgermeister gerne rituell zu dem jovialen Ausspruch hinreißen: »Münster bleibt Münster!« Na, von wegen! Wenn man einen Münster-Stadtplan von 1987 neben einen aktuellen Plan legt, sieht man auf einen Blick, dass sich die Stadt in dieser Zeit so stark verändert hat, wie seit dem Wiederaufbau nicht mehr. Bis weit in die 1980er hinein gab es überall in der Innenstadt sogar noch etliche Brachflächen. Auf den meisten haben sich heute ehrgeizige Architekten verwirklicht.

Die beiden Münsteraner Bettina Meyer (Architektin) und Roman Skarabis (Dozent FH Design) haben aktuell einen Architekturführer im Pixi-Format mit 90 Objekten aus den letzten 10 Jahren vorgelegt, der die spektakulärsten Veränderungen dokumentiert. Nachteil: Die Architekten durften die Begleittexte ihrer Objekt-Präsentationen selbst verfassen. Das Ergebnis ist die Abwesenheit objektiver Kritik; stattdessen PR-Blabla mit kryptischem Fachchinesisch. Vorteil: Man wird schon mal mit Objekten vertraut gemacht, die noch im Bau oder Planungsstadium sind – und wie eine Drohung wirken: von den quadratisch-praktisch-gut-Aaseeterrassen bis zum Germania-Campus mit dem Riesen-Wasserbecken, das sicher ein Penner-Pissoir deluxe abgeben wird.

Es gibt aber auch Experten, die sich eingehender mit der münsterschen Architektur befassen: Die Kunsthistorikerin Dr. Sylvaine Hänsel (TU Berlin) und der Münsteraner Architekt und Journalist Stefan Rethfeld beenden gerade ihren Architekturführer Münster, der Anfang 2008 erscheinen wird. Wir haben schon mal einen Blick in den Wälzer geworfen: Die Autoren haben 1200 Jahre Stadtgeschichte porträtiert. Und wenn man dachte, man kennt so ziemlich alle Ecken Münsters, wird einem hier klar, dass man sich geirrt hat. Rethfeld: »Wir haben aus 1600 interessanten Gebäuden 365 ausgewählt, von denen einige noch nie für ein Architekturbuch fotografiert worden sind.« Neben dem Umfang ist ein Vorteil der Kommentare, dass sie nicht mit deutlicher Kritik sparen.

Rethfeld war Teilnehmer des Symposiums »Was ist münstersche Architektur?« vor einem Jahr, über das wir in Ultimo berichtet haben. Er sagt: »Die Baumeister von früher hatten auch fremde Einflüsse, z. B. aus Flandern oder Italien. Aber sie haben die Einflüsse den münsterschen Dimensionen angepasst und ihnen damit einen individuellen Stil verpasst. Heute blättern Architekten scheinbar nur noch durch Fachzeitschriften und greifen sich willkürlich Strömungen heraus, die sie oberflächlich kopieren, ohne einen Bezug zum Ort herzustellen. Es wird höchste Zeit, dass Planer wieder eine münsterspezifische Architektur schaffen. Das erreicht man aber nicht, indem man mit einer ach-so-modernen Medienfassade dick herumleuchet, wie an der neuen PSD-Bank am Hafen. Die Planer haben ihr Gebäude wohl irgendwie mit dem Cineplex verwechselt ...«

Anekdote am Rand: Die frühere Feuerwache Süd neben der neuen PSD-Bank war seinerzeit (1930) die modernste in ganz Deutschland. Und ist ein Beispiel für architektonische Bezüge von Gebäuden quer durch die Stadt, denn der Planer der Feuerwache entwarf auch die Hansaschule am Hansaring/Wolbeckerstraße – und vermutlich auch das Hotel Hubertihof in Klein-Muffi. Letzteres vermutet Rethfeld allerdings nur. Es könnte auch sein, dass so eine Art Rainer Kresing der damaligen Zeit den angesagten Stil der Zeit hier kopiert und eingefügt hat.

Nicht nur bei repräsentativen Bürotürmen, auch bei der Wohnbebauung teilt Rethfeld sportlich aus. Aktuelles Beispiel: Schulstraße im Kreuzviertel. Auf dem Hinterhof der Ateliergemeinschaft sollen über 100 Wohnungen entstehen. Rethfeld meint: »Die geplante Architektur hat überhaupt nichts mit dem Kreuzviertel zu tun. Städtische Quartiere brauchen eine klare Typologie, Identität. Das wird hier völlig ignoriert. Die Häuser könnten ebensogut in Kinderhaus oder sonstwo stehen ...«

Rethfeld ist übrigens auch Vorstandsmitglied des Vereins Münster-Modell. Ziel des Vereins ist die Fertigstellung eines Holzmodells der gesamten Innenstadt von Hafen bis Leonardo-Campus und Aasee bis Zentrum Nord in 500-facher Verkleinerung auf 64 Quadratmetern. Von den 64 Einzelplatten sind allerdings erst wenige fertig. Der Architekt bietet regelmäßig Touren durch das Original des Modells im Maßstab 1:1 an. Mehr Infos auf www.muenster-modell.de. Dabei erklärt Rethfeld die Baugeschichte des Hafens und erzählt, welche Visionen Planer für Münsters Süden auf Lager haben.

Visionen – und zwar ordentlich durchgeknallte – hatten auch die ollen Nazis. Deren Faible für Monumentalbauten machte nämlich auch vor Münster nicht halt. Die braunen Architekten entwarfen ein riesiges »Gauforum« am Aasee, von dem – nach Berliner Vorbild – eine große Achse bis nach Gievenbeck führen sollte. Hauptelement waren ein 60 Meter hoher »Weihetempel« für germanische Kultfeiern (etwa beim heutigen Mövenpick), ein Riesenstadion für hunderttausend Volksgenossen (heutige Aaseestadt) und ein gigantischer neuer Hauptbahnhof (etwa Weseler Straße/Inselbogen). Realisiert wurden nur das »Gauhaus« (heute Aasee-Mensa) und das Standortlazarett (heute Hautklinik in Gievenbeck) am Anfang und Ende der Achse.

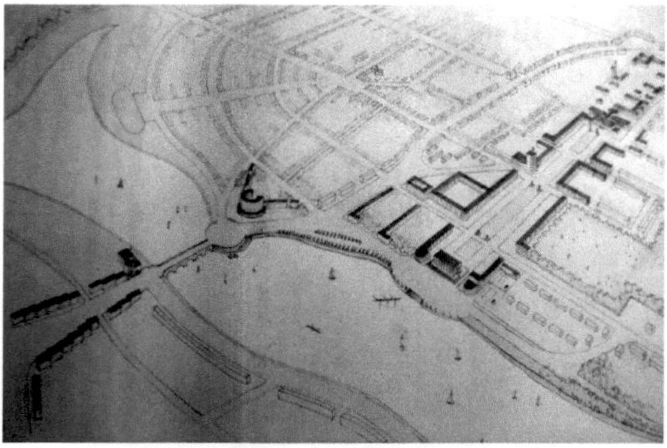

Vorlage für das »Gauforum« der Nazis:
Plan der Achse Aasee-Sentruper Höhe-Gievenbeck
mit Monumentalbauten aus den 1930er Jahren.

Das Dumme: Münster war als Kulisse für Monumentalbauten einfach zu mickrig. Darum mussten die Naziplaner ihre Riesenklötze auf einen kleineren Maßstab skalieren, der ihnen die imposante Wirkung wieder nahm. Der Architekt des Berliner Reichsluftfahrtministeriums (heute Bundesfinanzministerium) musste sich beim Bau des münsterschen Gau-Luftwaffenkommandos (Hohenzollernring/Manfred-von-Richthofen-Straße) mit einem Mini-Monumental-Format in münsterscher Durchschnittsgiebelhöhe begnügen.
Als Retro-Style wurde das später wieder hip: In den 1980er Jahren errichtete Albert Speers früherer Mitarbeiter Pinnau das RWB-Bürogebäude am Bröderichweg als Zwergenausgabe der monumentalen Reichsbauten.

Auch wenn's so aussieht: Das Deutsche Studentenheim am Breul stammt nicht aus dem Dritten Reich, sondern aus den 1920ern. Die »gediegene Ausstattung« wurde damals von vielen Bürgern als für Studis unangemessener Luxus kritisiert. Die Planer hielten dagegen, »dem Übelstand entgegenwirken (zu) wollen, dass sich die jungen Leute wegen dürftigen Wohnungen außerhalb der Lehrveranstaltungen in Wirtshäusern aufhalten.« Da können unsere Gastronomen vom Kuhviertel bis zum Hafen nur hoffen, dass das neue Studiwohnheim am Aasee schön ungemütlich wird.

(Erschienen 2007)

Anmerkung:

Als dieser Artikel entstand, standen die schlimmsten Verwüstungen des Stadtbildes noch bevor. Nein, nicht durch die Royal Air Force, sondern durch bewusstseinserweiterte Planer auf Kubismus-Trip. Zum Beispiel die Westwall-Wohnanlage »Klostergärten« (der Name ist blanker Zynismus) oder die Beton-Dolomiten in der Stubengasse (die laut Leserumfrage 70 % der Münsteraner scheußlich finden). Deren Architekten müssten die Wand selbst planen, an die man sie stellen sollte.

# Eins, zwei, meins?

## Die »na dann...« und die Heuschrecke: Werden jetzt Münsters Szeneblätter plattgemacht?

Noch vor kurzem erzählten uns weise Experten: Die Printmedien sind tot; das Internet ist die einzige Zukunft der Verbreitung von Werbung und Nachrichten! Darauf liefen etliche Unternehmer an ihre Rechner und programmierten Internetmedien, auf die seither nie ein Mensch geklickt hat. Dagegen sind die totgesagten Printmedien erstaunlich lebendig:
Die Münsteraner Hausflure ertrinken in Papier; zu den Tageszeitungen kommen vier Wochenzeitungen, von denen zwei (»hallo«, »Kaufen & Sparen«) sogar zweimal wöchentlich erscheinen. Diese Vervielfachung der Verbraucherblätter ist das Ergebnis eines im Grunde unsinnigen Verlagskrieges zwischen Aschendorff (WN) und dem Medienhaus Lensing-Wolff (MZ). Jetzt droht neuer Ärger – und damit noch mehr Papier: MZ-Verleger Lensing-Wolff will die »na dann...« besitzen. Weil deren Macher ihm Münsters wichtigstes Termin- und Kleinanzeigenmedium aber nicht verkaufen wollen, will Lensing jetzt seine eigene »Gegen-na dann...« produzieren. Was das soll, wohin das führen könnte und warum sich Lensing-Wolff dabei vielleicht verhebt, darüber sprachen wir mit na dann...-Herausgeber Arno Tilsner.

Fangen wir mal vorne an: Die Zeitungsverlage haben eine ungewisse Zukunft vor sich. Fest steht wohl nur: Aufwärts geht es nicht mehr. Schon in den 1990er Jahren wurden die Leser von Tageszeitungen immer älter. Parallel zur demographischen Pyramide der Gesellschaft fallen an der Spitze mehr Leser weg, als am Sockel neu nachwachsen. Wie also soll der Informationstransport der Zukunft abgewickelt werden? Eine Tageszeitung zu produzieren ist sehr teuer; Internetseiten und Werbeblättchen dagegen erheblich günstiger. Das Absenken dieser Eintrittsschwelle in den Markt hat dazu geführt, dass mehr Anbieter agieren. Damit hat sich aber auch die Bündelung des Infoangebotes aufgelöst: statt in einer einzigen Tageszeitung finden sich z. B. Kfz-Kleinanzeigen jetzt in x Werbeblättchen und Onlineportalen. Die Folge davon bemerken wir alle in unserem Treppenhaus. Tilsner hat sie extra für dieses Interview näher untersucht: »Ich bin letzten Donnerstag mal die Coerdestraße langgegangen, hab' in alle blauen Tonnen geguckt und mal die Schichten darin untersucht. Ganz oben fand ich vereinzelt schon die Verbraucherblätter vom Mittwoch. Darunter die Pakete vom Wochenende und darunter die Pakete vom Mittwoch davor. Dazwischen ein paar Lokalzeitungen und überregionale Zeitungen. Ich habe einzelne Stapel mitgenommen und gewogen und das Gewicht mit der Auflage multipliziert. Das Ergebnis: Jede Woche werden in Münster etwa 35 Tonnen Papier in die Haushalte gepumpt. Das heißt: 50 % der blauen Papiertonnen ist nur dazu da, dieses Papier aufzunehmen. Das ist eine Kreislaufwirtschaft: Die Papierfabrik macht Rollen, die Rollen kommen zum Verlag, die gedruckten Pakete wandern in die Hausflure, dort zurück in die Papiertonne und über den Recyclingbetrieb wieder zur Papierfabrik. Ich habe übrigens keine na dann... in den Tonnen gefunden ...«.

Verdient der einzelne Verleger bei dem begrenzten Werbemarkt in Münster damit überhaupt noch Geld? Tilsners Einschätzung: »Das Werbegeschäft wird nach wie vor gemacht, nur von anderen Marktteilnehmern, hauptsächlich von großen Ketten – und zwar mit Beilagen. Den Beweis habe ich wieder in der blauen Tonne gefunden: Die »hallo« vom 2.9. wog 260 Gramm. Davon wog die reine Zeitung ganze 60 Gramm. Die restlichen 200 entfielen auf insgesamt 8 Beilagen von Großmärkten.« Die Zeitung wird also zum bloßen Trägermedium der Reklamebeilagen. Was bedeutet das für die Qualität der Nachrichten? Zumindest, dass kaum noch journalistisch recherchiert wird: Viele Pressemitteilungen finden sich im gesamten Zeitungsspektrum im gleichen Wortlaut wieder.

Doch trotz moderner »News-Desk-Redaktion«, bei der Pressemeldungen am Bildschirm zusammengesammelt werden, liest man in der Zeitung nur das, was man schon im Netz gelesen hat. Tilsner sagt dazu: »Printmedien sind anachronistisch. Die Entwicklung wird elektronisch. Hätten wir keine Marktverzögerung durch viel zu teure Datenverbindungen erlebt, wäre das neue iPhone längst etabliert.«

Warum macht Tilsner dann selbst ein so anachronistisches Heft, wie die na dann...? Seine Antwort: »Wir sehen uns als Transportarbeiter. Der Kunde gibt uns den Auftrag, seine Information zu verteilen. Aber das machen wir nicht umsonst, darum muss sich der Kunde überlegen: Ist meine Information es auch wert, verteilt zu werden? Das bringt Qualität ins Heft. Mache ich alle Inserate kostenlos, bekomme ich ein Spam-Medium. Und: Hätten wir dieses kostenpflichtige Modell nicht eingeführt, hätten wir den langen wirtschaftlichen Abwärtstrend bei den Printmedien seit dem Jahr 2000 nicht aussitzen können – dann wären wir heute weg.«

Darum hat Tilsner auch keine Angst vor kostenloser Konkurrenz: »Bisher sind alle Wettbewerbsversuche gescheitert. Keiner kann aus dem Stand vierzigtausend Hefte verteilen. Und am Tag des Erscheinens die nächsten vierzigtausend produzieren. Und das jahrelang. Meine Partnerin Uli hat in 16 Jahren nur ein einziges Heft nicht selbst produziert, als sie im Krankenhaus lag. Wer macht das nach? Außerdem: Wenn ein Monatsheft Verluste einfährt, ist das vielleicht zu verkraften, aber wer kann sich wöchentlich Verluste leisten?«

Der sich das zutraut, heißt Lambert Lensing-Wolff, Verleger der Münsterschen Zeitung. Bekannt und berüchtigt durch seine Entsorgung der MZ-Lokalredaktion. Anfang des Monats machte er Tilsner das dritte Übernahmeangebot: »Das erste Mal kam er gleich, als er Ende der 1990er erstmals in Münster auftauchte. Da habe ich ihm gesagt: Wenn Du die na dann... übernimmst, mache ich ein Monatsmagazin! Der nächste Versuch war am Vortag der Einführung kostenloser Kleinanzeigen in der MZ. Antwort: Njet. Und nun wieder. Ich wurde echt sauer und hab' gesagt: geh' zurück nach Dortmund! Einen vierten Versuch wird es nicht geben.«

Daraufhin lotete Lensing-Wolff verschiedene Optionen aus, Partner für eine eigene münstersche Wochenschau zu gewinnen, u. a. beim Studentenwerk. Nun ist er beim »Stadtgeflüster« fündig geworden, um sein Wettbewerbsgeschütz in Stellung zu bringen. Schon in Kürze soll das Stadtgeflüster wöchentlich mit Terminen und privaten Inseraten erscheinen.

Tilsner lässt das kalt: »Wir wissen, wie es ist, dieses Heft zu machen, ob am Markt die Sonne scheint oder ob's stürmt. Aber der Punkt ist: Die Auseinandersetzung um den Printmarkt ist unsinnig. Die Musik spielt woanders. Unser Heft ist im Grunde schon nicht mehr zeitgemäß – es nachzuahmen ist verrückt.«

Was Tilsner nicht erwähnt: die na dann... ist ein echtes Community-Produkt, das von den Persönlichkeiten der Leser und Macher geprägt ist. Das charmant-unzeitgemäße Layout, das Werbeumfeld, die Verteilung in den Aldi-mäßigen Kartons – das verbreitet authentisches Wir-Gefühl. Dies lässt sich nicht künstlich erzeugen – schon gar nicht, wenn man in einer Stadt so auftritt wie Lambert Lensing-Wolff.

(Erschienen 2007)

Anmerkung:

Beide Hefte gibt es immer noch und auch die Papierflut der Sonntagszeitungen und Beilagen hat eher noch zugenommen. Werbetreibende scheinen unrettbar verliebt in bedrucktes Papier zu sein. Genervt sind nur die Adressaten: Die üblichen Verteilstellen für Stadtmagazine wachsen zu schäbigen Papierhalden; die Hausflure sind von Verbraucherzeitungen zugemüllt. Letztlich sinkt dadurch die Akzeptanz aller Printmedien, aber jeder Absender glaubt, dass es ihn zuletzt treffen wird.

Und dass die Anzeigenpreise dadurch ins Bodenlose fallen, freut auch nur die, die nichts von effektiver Werbung verstehen. Hey Baumärkte, Metzger und Möbelhäuser: Schickt mir doch lieber ein cooles App für mein iPhone!

# Auf Probehaft.

## Zu Besuch in Münsters Kittchen.

Als ich vier Jahre alt war, fuhr ich mit meiner Mutter im Bus an der Justizvollzugsanstalt Münster vorbei. Da mich einerseits altersgemäß die mittelalterliche Architektur faszinierte, wir andererseits eben auf dem Nachhauseweg von einem Krankenhausbesuch bei meinem Vater waren, assoziierte ich kindlich frei: »Hier ist das Gefängnis! Und Papa kommt bald wieder nach Hause.« Alle Fahrgäste starrten Mutter tief betroffen und mitleidig an …
Jetzt lud die JVA Münster anlässlich des 150-jährigen Bestehens zum Tag der offenen Tür an die Gartenstraße. Eine gute Gelegenheit, dem Geheimnis der Zwingburg endlich auf den Grund zu gehen.

Bevor der Knast an der Gartenstraße 1853 seine Tore öffnete, um Gesetzesbrecher einzuschließen, befand sich das städtische »Zuchthaus« dort, wo heute der Altbau der Adolph-Kolping-Fachoberschule steht. Dort saßen neben Strafhäftlingen auch »Vagabunden« mit unstetem Lebenswandel, die hier einem brutalen und stupiden Drill unterworfen wurden, um sich wieder an ein »anständiges Leben« zu gewöhnen. Der preußische Sozialreformer Wichern bezeichnete das Zuchthaus bei einem Besuch 1851 als »Greuelstätte«. Darum entschloss sich das Land Preußen (zu dem die

Provinz Westfalen gehörte) zu einem modernen Neubau. Man engagierte einen Spezialisten: den Schinkel-Mitarbeiter Carl Ferdinand Busse. Sein Vorbild war das düstere Gefängnis von London-Pontonville. Im Neogotik-Stil des XIX. Jahrhunderts plante er eine sternförmige Strafanstalt mit Burgzinnen, mächtigem Turm und Appellplätzen. Sein Konzept: »Das Gebäude soll einschüchtern.« Zur Zeit des Richtfests lag der Bau außerhalb der Stadt, die sich damals noch im Promenadenring einigelte. Das Umfeld bestand aus Gärten und Äckern, die den Lebensmittelbedarf der Strafanstalt erwirtschaften sollten.

Damals kannte der Strafvollzug nur ein einziges Rezept zur Wiedereingliederung Straffälliger: Kasernenhofkommandos! Darüber urteilte ein zeitgenössischer Autor eines Buches über Gefängnisse in Westfalen, »dass die Ruhe und Ordnung aus sklavischer Furcht vor fürchterlicher Misshandlung kommt«. In den 20er Jahren experimentierten auch die Münsteraner Anstaltsleiter mit Reformansätzen und Bewährungsanreizen. Aber nicht lange: Reformen, Lockerungen, Therapie – für die Nazis war das alles »dummer Juristenquatsch!« (Goebbels).

Der prominenteste Häftling in Münsters Knast war Til Schweiger – leider nur für einen Tag, während der Dreharbeiten für einen Kinofilm.

Sie machten ab 1933 »das Zuchthaus wieder zu dem, was sich die Volksgemeinschaft darunter vorstellt«. Heutzutage bemüht sich Anstaltsleiterin Maria Look, »ihren« Gefangenen einen menschenwürdigen Strafvollzug zu gewährleisten. Credo: »Ein hilfreicher und persönlichkeitsfördender Umgang mit Straffälligen ist der beste Schutz der Allgemeinheit vor weiteren Straftaten.« Volker M., 1987 zu lebenslänglich verurteilt, meint dazu: »Ich habe so manche Anstalt erlebt. Das Besondere in Münster sind die Mitarbeiter. Hier nimmt man mich ernst und hilft mir weiter.« Ach ...

Sonntag, 11. Juli. Die Mühen der Wartenden in der Schlange erinnern unweigerlich an die berühmte Komödie »Im Kittchen ist kein Zimmer frei«. Mehrere tausend Münsteraner stehen an diesem heißen Tag eine gute halbe Stunde an, um endlich in den »Kahn« zu kommen. Am Portal weist ein Schild der Denkmalbehörde auf den kulturellen Wert des Knastes hin. Im ersten Innenhof steht noch ein Denkmal: eine richtig gelbe Telefonzelle des Staatsunternehmens Post, die die Telekom hier vergessen hat. Durch die Verwaltung führt der Weg ins Zentrum der sternförmigen Anlage. Von der Kuppelhalle gehen die fünf kirchenschiffgroßen Zellenblöcke ab. Busse hat sein architektonisches Konzept bestens erfüllt: Münsters Knast ist tatsächlich die ideale Krimi-Kulisse für einen viktorianisch-düsteren Jack the Ripper-Thriller. Die Besucher dürfen Block A besichtigen: Hier hängt auch das schwarze Brett mit dem Freizeitplan (viel Sport, viel Gebet) sowie diversen Mahnungen der Anstaltsleitung an die Insassen, nicht gegen die Anstaltsordnung zu verstoßen. Die Häftlinge geben ihrerseits Kritik in den Kummerkasten der »Gefangenen-Mitverwaltung«. Erklärung des Personals: »Is' so wie Klassensprecher in der Schule ...« Die Besucher schieben sich neugierig an geöffneten Zellen vorbei, deren Insassen vorübergehend evakuiert wurden. Abends ist hier »Aufschluss«, d. h. die Häftlinge können sich auf dem Flur die Beine vertreten oder sich gegenseitig besuchen. Immerhin sorgt die Uniformität des Knastes für eine klassenlose Gleichheit: Die Büros der Sozialarbeiter sind ebenfalls in vergitterten Zellen untergebracht! Von Block A geht's über den Innenhof mit mediterranen Agarven-Kübeln zu den Werkstätten. Das Treppenhaus ist mit Kalenderpostern von »Jahn Reisen« dekoriert, die Traumziele des Ferntourismus zeigen. Hier binden die Häftlinge etwa die Ausgaben der »Neuen Juristischen Wochen-Schrift«, in der sie rechtswissenschaftliche Kommentare zu Ihrer Verurteilung studieren können. Von der Buchbinderei geht's zu den Holz- und Metallwerkstätten. Beim Weg über den Hof entdeckt eine osteuropäische Besucherfamilie einen Verwandten am Fenster des Zellenblocks. Das gibt ein freudiges Hallo! Beim Betrachten der Zellenfenster fällt auf, dass der TV-Empfangs-Selbstmontagesatz aus Schrubberstiel plus 2 alten Radioantennen plus Klingeldraht hier ein Erfolgsmodell ist.

Die Werkstätten, deren typische Fabrikdächer man vom Stümerweg aus sieht, sind durchaus saubere Musterbetriebe. Die Häftlinge fertigen hier etwa Büro- und Gartenmöbel. Dafür bekommen sie ca. 10 Euro am Tag. Das Gesetz schreibt dem Insassen die Pflicht zur Arbeit vor, sofern sie ihm geboten werden kann. Leider sind einige Gefangene auch im Knast von Arbeitslosigkeit betroffen – und würden die »Zwangsarbeit« der depressiven Langeweile vorziehen. Die Produkte made in JVA sind übrigens qualitativ hochwertig und auch noch preiswert: Eine schicke Gartenbank aus Massivholz geht für 150 Euro über den Tisch; ein Profigrill aus Schmiedeeisen für nur 125 Euro. Von den Konditionen der Häftlingsarbeit profitieren vor allem mittelständische Unternehmen oder Behörden (ja, von solchen Tarifen träumen Arbeitgeber- und VDI-Präsidenten). Weil die Anstalt am Markt nicht werblich auftritt, sind die Produkte für Privatkunden eher ein Geheimtipp. In der Strafanstalt Berlin-Tegel geht man da schon andere Wege: die dort gefertigte Bekleidungsmarke »Haeftling« wird professionell beworben (»Jailwear since 1998«) und im Internet mit großem Erfolg vertrieben, was sich bei den Häftlingen in hoher positiver Motivation äußert (www.haeftling.de). Die Graffiti an den Arbeitsplätzen lassen unschwer den Nationalitätenmix der Belegschaft ablesen: Ein Sowjetstern mit Hammer und Sichel prangt neben dem türkischen Halbmond. Bloss raus hier ... Nach rund 45 Minuten im Knast ist der Freiheitsdrang bereits so groß, dass ich mit einer gewissen Erleichterung die Torschleuse zum Stümerweg passiere. Die letzte Attraktion ist das Probesitzen im Knastbus, mit dem Häftlinge aus der U-Haft in die Strafanstalt kutschiert werden. Ein Altknacki lacht sich über die Neugierigen kaputt: »'Ne Viertelstunde anstehen für in dem Bus sitzen – harhar!« Und auch der Fahrer hat Humor: »Hat sich noch keiner beschwert, dass es nich' bequem is'! Hoho« Neben Vierer- und Doppelabteilen gibt es hier drin auch Einzelplätze, was in diesem Fall jedoch keine Verbesserung bedeutet. Nach überstandener Probehaft kann man sich im Festzelt noch mit »Original-Knasteintopf« stärken. Immerhin sagt eine offizielle Knastregel, dass die Qualität der Kantine direkten Einfluss auf die Gesamtstimmung der JVA hat. Nach dem Erbseneintopf zu urteilen, ist die Stimmung an der Gartenstraße eher explosiv! In der Ausstellungsschau werden übrigens auch konfiszierte Waffen (etwa eine Pistolenattrappe, aus einem Frühstücksbrett gebastelt) und Ausbruchswerkzeuge (Strickleiter aus Bettzeug etc.) gezeigt, die allesamt ziemlich dilettantisch sind. Den besten Ausbruchstipp bringt an diesem Tag – trotz der Sicherheitsvorkehrungen – ein Besucher in den Knast: Er trägt ein T-Shirt mit der Aufschrift »Wir schneiden Sie raus – Ihre Feuerwehr!«

(Erschienen 2003)

Anmerkung:

Sicher, man kann auch einfacher in den Knast kommen, ohne auf den Tag der offenen Tür warten zu müssen ... soweit geht der Rechercheeifer dann aber doch nicht. Obwohl selbst Til Schweiger schon in der JVA Gartenstraße gesessen hat – allerdings nur für einen Tag, bei Dreharbeiten zu »One Way«. Ich dagegen hatte eher das Gefühl, im falschen Film zu sein: Die Atmosphäre der viktorianischen Burg schlägt doch schnell aufs Gemüt. Trotzdem bin ich ein überzeugter Fan der Gartenmöbel aus der Anstalt geworden: Bei dem Preis-/Qualitätsverhältnis kann Hornbach einpacken. Produkte der JVA Münster und anderer JVA's in NRW findet man inzwischen unter www.knastladen.de. Der Termin für den JVA-Herbstmarkt im Innenhof steht in der Lokalpresse.

# UNI

# Sex & Duft & Riechorgane.

## Fidele Wissenschaft: Zu Besuch bei den Balz- und Sekret-Forschern der WWU.

Münsters Hochschullehrer beschäftigen sich zuweilen mit Forschungsgegenständen, auf die man selbst mit lebhafter Phantasie nicht käme: Da gibt es etwa den Western-Forscher »Doc« Müller, der ein Archiv von über zweieinhalbtausend Revolverfilmen auswendig kennt; oder den »Schimmelprof.«, der Krabbenfischerei und Landwirtschaft kombiniert, indem er ein Verfahren fand, um Krabbenschalen zu Kunstdünger zu machen. Frau Dr. Renate Maiworm untersucht am Psychologischen Institut der WWU die Rolle des Riechsinnes im Balz- und Paarungsverhalten menschlicher Säugetiere. Maiworm testete an ahnungslosen ProbandInnen aus dem Unibetrieb, wie Frauen auf Sexualduftstoffe im männlichen Achselschweiß reagieren und wie Vaginalsekrete auf Männernasen wirken. Das interessierte uns; deshalb beschnupperten wir Frau Dr. Maiworm.

Dass der Geruch im menschlichen Sozialverhalten eine Rolle spielt, ist nix Neues; schließlich kennt jeder einen, den er sprichwörtlich nicht riechen kann (aber woher kommt dann der Begriff »stinkfreundlich«?). Dr. Maiworm interessiert dagegen insbesondere die Wirkung von Duft-Dosen, die man nicht bewusst wahrnehmen, aber wissenschaftlich messen kann. Sie untersuchte darum die Wirkung minimalster Konzentrationen von körperlichen Ausdünstungen auf die Anziehung des anderen Geschlechts. Das riecht zunächst mal nach viel Arbeit. Die Geruchskommunikation ist erst in den letzten Jahrzehnten ins Blickfeld von Wissenschaftlern gerückt, deshalb sind die meisten Studien noch recht frisch und längst nicht alle Fragen geklärt. Viele Thesen sind daher doch wohl eher Vermutungen. So glauben die Wissenschaftler, dass die Substanzen im männlichem Achselschweiß die Aufgabe haben »Weibchen« anzulocken, andere Männchen fernzuhalten und das Revier zu markieren. Immerhin sind dieselben Duftstoffe wie im Achselschweiß auch im männlichen Urin zu finden. Das erklärt sicher, warum Frauen die männlichen Achselgerüche in Studien oft als »urinös« beschreiben – vielleicht erklärt es auch, warum Männer so gerne danebenpinkeln.

Trotzdem scheint die Sache zu funktionieren. Im Test untersuchte Frau Dr. Maiworm, wie die Anwesenheit von Männerschweiß in der Raumatmosphäre Frauen bei der Bewertung von Männerfotos beeinflusst. Ergebnis: Je nach Konzentration werden die gleichen Bilder positiver oder negativer eingeschätzt. Allerdings: Bei Frauen, die menstruieren oder die Pille nehmen, fällt die Wirkung deutlich schwächer aus. Doch Vorsicht, Freunde: Eine einfache Erhöhung der Schweißdosis führt beim Flirtkontakt nicht unbedingt zum gewünschten Ergebnis. Geht es beim »ersten Blick« meist um die Taxierung der äußerlichen Attraktivität (Motto: Was schön ist, ist auch gut), vermuten die Wissenschaftler bei der unbewussten »olfaktorischen« (geruchlichen) Wahrnehmung ein genetisches Ähnlichkeitsprinzip, das der Feststellung der Fortpflanzungs-Tauglichkeit dient. Der Duft dient also der Partnerselektion im Dienste der Reproduktion. Für das menschliche Weibchen ist der Fortpflanzungsakt biologisch gesehen eine größere Investition (wenige Eier, neunmonatige Tragzeit, lange Brutpflege und Aufzucht) als für den Mann (viele kleine Spermien). Deshalb muss die Investition von der Frau biowirtschaftlich gut überlegt werden. Die derzeit populären Paartherapeuten Pease und Pease bringen das auf die simple Formel: »Frauen wollen Sex mit dem Mann, der sie liebt. Männer wollen Sex.«

Die Forscher gehen davon aus, dass die »olfaktorische Kommunikation« einen direkten Einfluss auf das »Attraktivitätserlebnis« von Männern durch Frauen hat. Schlecht für Studis: Intelligentere Männer wurden in Versuchen nicht stärker bevorzugt als weniger intelligente (Schon der Volksmund sagt ja: »Dumm f...t gut«). Übrigens wurde auch der Einfluss von Parfüms auf die Geruchsbotschaften untersucht. Das Ergebnis könnte der Duftindustrie stinken: Männer fanden, dass Parfüm die Attraktivität von Frauen z. T. nur in Kombination mit lässiger Kleidung hebt, ansonsten eher reduziert! Und auch wenn die Reklame es anders will: Bei Versuchspersonen mit Deodorant konnten »blinde« Probanden nicht mehr feststellen, ob es sich um Männlein oder Weiblein handelt. Andere Olfaktologen fanden nebenbei heraus, dass auch die Ernährung Einfluss auf die Ausprägung des Körpergeruchs hat. Von einem gewissen erfolglosen deutschen Politiker des vorigen Jahrhunderts mit drolliger Bartfrisur ist das schon lange überliefert: »Ich habe, solange ich Fleisch gegessen habe, ungeheuer geschwitzt; bei einer Rede habe ich vier Maß Bier getrunken, dabei aber neun Pfund abgenommen. Als ich Vegetarier war, brauchte ich nur noch ab und zu einen Schluck Wasser.«

Die Münsteraner Gelehrten bedauern bei ihren Studien, dass »Forschung am Tiermodell mehr Möglichkeiten zur experimentellen Manipulation bietet, die im Humanbereich nur schwer durchzuführen sind«. Kein Wunder: Die ProbandInnen wären sicher irritiert, wenn man sie auffordern würde, sich am Hinterteil herumzuschnüffeln. Die Forscher fanden Alternativen: In einem Theater präparierte man Sitze und Programmhefte mit männlichen Duftstoffen. Die behandelten Sitze wurden überwiegend von Frauen belegt und nur die duftenden Programme mit nach Hause genommen. Männer mieden sowohl Sitze als auch Programmzettel. Frau Dr. Maiworm ließ sich noch was einfallen: 75 Männern wurde ein weibliches »Copulin« zwischen Oberlippe und Nase aufgetragen. Sie bewerteten ihnen vorgestellte Frauen durchweg als attraktiv, sportlich, sympathisch, anziehend etc. etc. und hatten den Wunsch, die Damen näher kennen zu lernen. In einem weiteren olfaktorischen Pepsi-Test bewerteten 103 Münsteraner Studentinnen mit ebenso applizierten männlichen Duftstoffen Männer als interessant, sexy, lässig, attraktiv, erotisch und sogar tollkühn. Dabei ist es wie in der Homöopathie: je geringer die Dosis, desto wirksamer – je stärker der Geruch, desto abstoßender. Der männliche Duft beeinflusst neben der gegengeschlechtlichen Wahrnehmung von Frauen auch deren Selbsteinschätzung. Unter der Wirkung des Androstenon fanden Frauen sich selbst »erhitzt« und verspürten »ein starkes Lustgefühl auf irgendetwas«. Trugen Sie eine präparierte Halskette mit Androstenol, konnten sie sogar »mehr sozialen Austausch« verzeichnen. (Sollten Frauen tagealte Männer-T-Shirts um den Hals tragen?)

Für einen ganz besonderen Test fand Dr. Maiworm zwölf »junge, gesunde Männer« mit gesundem Riechorgan, die bereit waren, vier Nächte im Schlaflabor der Uni an der Fliednerstraße am Coesfelder Kreuz zu verbringen. Nach einer »Eingewöhnungsnacht« (gar nicht einfach, verkabelt auf der Untersuchungsliege zu schlafen) gingen die jungen Männer mit einem festgeklebten Schlauch unter der Nase zu Bett, aus dem Vaginaldüfte junger Frauen in ihre Riechrezeptoren strömten. Vier junge Frauen hatten dafür ihre Scheidensekrete zuhause gesammelt, im Kühlschrank eingefroren und der Uni zur Verfügung gestellt. Frau Maiworm berichtet: »Die Proben wurden dann hier gesammelt und gepoolt und ...« Na, jedenfalls wurden die Probanden später während ihrer Traumphasen geweckt und nach ihren Träumen befragt. Die dokumentierten süßen Träume wertete eine unabhängige Traumdeuter-Kommission aus. Ergebnis: Die Versuchskaninchen träumten »lebhafter« als gewöhnlich – wobei das Wort Versuchs-»Kaninchen« hier rein zufällig ist ... Maiworm: »Die haben auch tiefer geschlafen – wie Kinder mit ihren Schnüffeltüchern.« Übrigens: Frauen konnten in Studientests selbst anhand des Atemgeruchs das Geschlecht des Duftspenders eindeutig erkennen. Pah – können wir auch! Schnaps = Mann, Eierlikör = Frau.

(Erschienen 2002)

Anmerkung:

Über das Missverständnis zwischen »gepoolt« und »gepuhlt« habe ich noch lange gelacht. Und ich dachte schon, dies wäre eine Alternative für die vielen arbeitslosen deutschen Krabbenpuhler. Die Umstellung wäre ja auch vom rein olfaktorischen ... aber lassen wir das. Jedenfalls war dieses Forschungsprojekt wohl das skurrilste, was mir je an der Uni Münster begegnet ist. Und da gab es so einige: Den Prof., der die verschiedenen Kaffeeumrührer-Typen psychologisch charakterisierte, oder der Glücksspiel-Prof. in der Zahnklinik (!), der nebenbei erforschte, welche Gehirnregionen bei Gewinn oder Verlust von 40 Euro beim Zocken aktiv sind.

# Alder, bin isch Google?

## Krasse Sprüche aus der Vorstadt: Münsters Germanisten erforschen das Döner-Deutsch.

Ey, sprichst du Kanaksprak, Alder? Ey, mein isch nisch diese schwule Comedyscheiße wie »Stefan & Erkan«, sondern eschten Slang von mein Block. Verstehsdu, Alder? Weis-wie-isch-mein?

Na gut, für alle deutschen Mittelschicht-Gymnasiasten schreiben wir ab hier hochdeutsch weiter. Trotzdem geht's hier um deutsch-türkischen Sprachmix, eben die Kanaksprak. Das Unterschichtfernsehen hat das Phänomen längst totgeritten und die Werbefuzzis schnorren »krasse« Sprüche beim Schulhof-Soziolekt. Jetzt interessieren sich die humanistischen Sprachforscher für das Döner-Deutsch. Zum Beispiel Tanja Bücker, Studentin der Uni Münster. Sie legte nun am Germanistischen Institut eine Examensarbeit über die Etymologie der Kanaksprak vor. Dafür schaltete sie nicht einfach »Was guckst Du?« ein, sondern ging dahin, wo man sonst Krankenhaus gemacht wird, wenn man scheiß Fragen stellt: in die Brüningheide und Osthuesheide.

Aber erst mal die Theorie: Kanaksprak ist ein Soziolekt, also eine Sprachform, die man keiner geographi-

schen Herkunft (Dialekt) zuordnet, sondern sozialen Faktoren. Eine vertikale Kategorisierung ist die Unterscheidung nach elaboriertem oder restringiertem Code – also dem Sprachgebrauch gebildeter oder bildungsferner Schichten. Das Dönerdeutsch ist eindeutig Merkmal eines niedrigen Bildungsniveaus. Beispiel elaboriert: »Tut mir leid, da bin ich überfragt.« Beispiel restringiert: »Alder, bin isch Google oder was?!«
Als Merkmale des so genannten restringierten Codes definieren die Sprachwissenschaftler kurze, einfache und oft unvollständige Sätze, einen begrenzten Wortschatz und eine unpersönliche Sprechweise. Präpositionen und Richtungsangaben fallen weg (»Isch geh Disco«), genau wie Artikel (»Gib misch Kippe«). Verben wie »gehen« oder »machen« werden zu Multifunktionswörtern (»Isch mach disch Butterfly!«).
So wurde natürlich auch schon vor Jahrzehnten auf der Straße geredet, bevor die unerträglichen Comedians das Thema durchgekaut haben. Neu ist aber: Während die vorige Generation der »Gastarbeiter« sich noch für das mühsame Kauderwelsch schämte und versuchte, so gutes Deutsch als möglich zu sprechen, kokettieren die Goldkettchenträger von heute stolz mit dem Proll-Prädikat, zum Beispiel wenn sie als Berufswunsch »Isch werd Hartz IV« angeben.

»Das ist ein kurioser Effekt, dass das Medienbild dieses Jugendslangs auf die Urheber zurückstrahlt«, sagt Tanja Bücker. Diese Beobachtung machte sie zum Beispiel im Jugendcafé Wuddi in Kinderhaus. Eigentlich sprechen die Kids mit »Migrationshintergrund« nicht permanent so – »aber wenn sie sich untereinander verbal duellieren, oder anderen imponieren wollen, fallen sie sofort in diesen Slang, fast ohne es selbst zu merken.«

Ist sich Bücker sicher, dass die Jugendlichen die Kanaksprak nicht nur für sie inszeniert haben? Wie haben die Jugendlichen im sozialen Brennpunkt die Studentin überhaupt empfangen? »Mir war von Anfang an klar, dass ich für diese Arbeit nur verlässliche Daten erheben kann, indem ich die Jugendlichen selbst aufsuche. Also habe ich nicht gerade meine schicksten Klamotten angezogen und bin ins Wuddi und ins Paul-Gerhardt-Haus gegangen. Ich hatte natürlich Befürchtungen, dass die Cliquen sich als Versuchskaninchen missbraucht fühlen. Aber die sprudelten gleich los und waren richtig dankbar, dass sie ernst und wichtig genommen wurden. Als sie sich an mich gewöhnt hatten, habe ich das Aufnahmegerät einfach in eine Ecke gelegt und weiterlaufen lassen. Diese Mitschnitte waren natürlich die besten – hundertprozentig authentisch.«

Die Clique aus dem berüchtigten Osthuesheide-Ghetto traf Tanja eher zufällig in der Stadt. Einmal angesprochen, wurden auch die vom Mitteilungsdrang erfasst. Woher weiß Tanja eigentlich, dass sie wirklich die Gremmendorfer Problemkids vor sich hatte? »Die zeigten mir ihre Tätowierungen: O.H.G. – Osthuesheide-Gang. Schon die 15-Jährigen hatten das.« Auch hier erlebte Tanja einen paradoxen Umgang mit dem Soziolekt: »Einerseits haben sie damit geprahlt. Zum Beispiel: Wir sind Hauptschule! Andererseits haben sie sich darüber beschwert, dass sie in einem Bericht der BILD-Zeitung als Kriminelle dargestellt wurden. Einerseits nutzen sie den Slang, um sich abzugrenzen; andererseits wollen sie nicht stigmatisiert werden.« Und so steckt das Phänomen voller Widersprüche: »Sie sprechen eine verhunzte Sprache, aber darin entwickeln sie beim Battle-Rap eine beeindruckende Wortgewaltigkeit. Auch paradox!«

Gewiss dagegen ist für Tanja, dass Kanaksprak eine Jugenderscheinung ist: »Wenn die Älteren die Clique verlassen, legen sie den Slang ab. Einige, die älter als 20 waren, sagten mir: Früher habe ich so gesprochen, heute spricht nur noch mein kleiner Bruder so.« Logisch – hat man schon mal einen jungen Vater seinen Sohn mit »Ey Alter« anreden hören ...?
Doch die Kanaksprak – der Begriff stammt übrigens von dem türkischstämmigen Autor Feridun Zaimoglu – hat noch eine andere Funktion: Sie ist Scharnier zwischen den ethnischen Fraktionen der Clique, die alle das gleiche Sprachproblem mit dem Hochdeutsch haben. Türken, Araber, Albaner und weitere Nationalitäten kommunizieren am Kicker des Jugendzentrums auf dem kleinsten Nenner der Sprache ihrer neuen Heimat. Kanaksprak als Esperanto des Ghettos.

Einige Bildungsbürger fürchten, dass das Dönerdeutsch zukünftig einen ähnlich starken (Negativ-)Einfluss auf unsere Sprache haben könnte wie Anglizismen. Tanja Bücker glaubt das nicht: »Das bleibt eine Umgangssprache unter Jugendlichen, die nicht allgemein gesellschaftlich akzeptiert wird.« Auch wenn vereinzelte deutsche Jugendliche sich dem Gruppenslang anpassen und statt »Tschüss« schon »Çüs« sagen, wie Bücker berichtet. Dass diese deshalb ihre Muttersprache verlernen, ist kaum anzunehmen.
Für die nichtdeutschen Jugendlichen ist dies ein viel größeres Problem. Bücker: »Die türkischen Jugendlichen identifizieren sich nicht mehr mit ihren türkischen Wurzeln und benutzen den Slang, um sich von den großelterlichen »Bauerntürken« zu distanzieren.« Das macht sie in den Augen traditioneller Türken zu »Almanci« (»Deutschländern«). Als solche werden sie

in der Türkei diskriminiert. Inzwischen wollen aber immer mehr türkischstämmige Jugendliche wegen fehlender beruflicher Perspektive in Deutschland re-immigrieren. Die türkischstämmigen Hartz IV-Empfänger sind die größte Gruppe unter den ausländischen Arbeitslosen in Deutschland; rund drei Viertel bekommen keinen Ausbildungsplatz. In der Türkei dagegen brummt die Konjunktur seit Jahren wie nie. Das lässt viele Deutschtürken aus Neukölln genauso wie aus Kinderhaus in Richtung Bosporus schielen. »Die meisten können aber überhaupt kein richtiges Türkisch mehr«, weiß Bücker. Ein Teilnehmer eines Online-Forums für Rückwanderer schreibt: »Mit der Kanak-sprak, die viele in Deutschland sprechen, kommst du in der Türkei nicht weit!«

(Erschienen 2007)

Anmerkung:

Inzwischen hat das Kapitel durch Medienthemen wie die berüchtigte Neuköllner Rütli-Schule und die Sarrazin-Debatte eine ganz neue gesellschaftliche Dimension bekommen. Die Probleme sind allerdings weiterhin aktuell: Neben Schuldefiziten hierzulande scheitern viele Rückwanderer in der Türkei an Sprachschwierigkeiten und Sozialisierungsproblemen. Die türkischen Lehrer der Sprachkurse für Rückkehrer beklagen neben schlechten Türkischkenntnissen oft fehlenden Respekt vor ihrer Autorität. Tja, die türkischen Lehrer sind eben keine 68er.

# Das knallt so gut.

## Fuselforschung in Münster: Siegrun Mohring studiert Kopfbrumm & Bierkater.

Schon Kabarett-Opa Tegtmeier (Chott happn selich) juxte über die angebliche Harmlosigkeit von Atomkraft: »In Bier sind auch Atome drin! Trotzdem iss dat nix für zum inne Luft fliegen!« Dennoch fühlt sich der Biertrinker-Schädel nach heftiger Druckbetankung oft an wie eine qualmende Schuttwüste nach einem Flächenbombardement. Da helfen weder Heringe, Natronsalz noch irgendwelche Ekel-Geheimrezepturen aus rohen Eiern und Chilischoten. An sich ist das ja auch ganz in Ordnung so, weil der Schmerz einen gesunden Ausgleich zwischen Randale und Ruhe schafft. Deshalb ist der Kater auch unser Lieblingstier, den wir gerne mal einen Vormittag lang kraulen. Wer käme also auf die groteske Idee, in die molekulare Tiefe des Gerstensafts abzutauchen – und nach eben den »Atomen« zu suchen, die für den explosiven Schädel-Sprengstoff verantwortlich sind? Antwort: Eine Münsteraner Chemiestudentin auf der Suche nach einem Thema für ihre Diplomarbeit – Siegrun Mohring zählte die Kopfschmerz-Teilchen in den beliebtesten Biersorten. Das Ergebnis ist ernüchternd und sorgt unter einigen deutschen Bierbrauern für heftige Katerstimmung.

Die Erfinder des deutschen Reinheitsgebotes waren sich sicher, ein gutes Werk getan zu haben, das Genießer des blonden Kultgetränks vor gesundheitlichen Schäden schützt. Weil ihnen 1514 aber die Laboreinrichtung der Fachhochschule Münster nicht zur Verfügung stand, konnten sie nicht ahnen, dass neben ihren vier festgeschriebenen Grundzutaten auch unsichtbare Stoffe im Bier vorhanden sind, die allerdings »arge Peyn« bereiten können! Siegrun Mohring trinkt eigentlich gar nicht sooo gerne Bier. Und wenn, dann meist Rolinck; das kommt aus der Nachbarschaft. Die gebürtige Münsteranerin wohnt in Reckenfeld und studiert an der FH in Steinfurt Chemie. Und sie hat Humor. Deshalb wählte sie für ihre Diplomarbeit ein populärwissenschaftliches Thema, das auch Nicht-Experten interessiert und schmunzeln lässt. Also: Wer wissen will, wem er es zu verdanken hat, wenn sich sein Gehirn am Tag nach der Party anfühlt wie eine Murmel, die in einer hohlen Kokosnuss herumrollt, kann jetzt etwas lernen.

Beim Brauprozess fallen so genannte Fuselöle an, die sich in Fuselalkohol umwandeln. Diese Fuselalkohole sind etwa Methanol, Isobutanol und Propanol. Beim Abbau dieser Fuselstoffe in der Leber entstehen giftige Säuren, die Nerven- und Körperfunktionen stören, etwa die Herztätigkeit und Sauerstoffversorgung. Andererseits sind die Schädelspalter aber gleichzeitig für das Geschmackserlebnis unentbehrlich. Was lecker schmeckt, ist also – wie meistens – ungesund. Das ist unter Braumeistern durchaus kein Geheimnis, wird aber ungerne veröffentlicht, weil man den »Health«-Wahn der Verbraucher fürchtet. Gerade das Bier hat ja aufgrund seiner klaren Zutatendeklaration einen guten Ruf unter bio-bewussten Lebensmittelkonsumenten. Deshalb stieß Mohrings Forschungsarbeit, die als Unterhaltung bei »Quarks & Co.« sicher gut angekommen wäre, diversen Bier-Unternehmern sauer auf. Vor allem die süddeutschen Weizenbier-Hersteller schäumten, denn BILD hatte das Laborergebnis kurzerhand in ihrer unnachahmlichen Art unter der Schlagzeile publiziert: »Erforscht! Diese Biere knallen am dollsten! Pils und Export machen weniger Kater als Weizenbier!« Und das zum Auftakt der umsatzstarken Biergartensaison ...

Selbst Stephan Raab kalauerte in TV Total herum: »Wie haben die das bloß getestet? Einer mit ner Kiste Pils, einer mit ner Kiste Weizen und dann geguckt, wer die stärkeren Kopfschmerzen hatte?« Nicht ganz. Gemessen wurden die Fuselrückstände in Milligramm pro Liter bei 60 Biersorten. Gute Nachricht für Münsteraner: Die heimischen Biersorten Pinkus (72,42 mg/l) und Rolinck (68,06 mg/l) schneiden überdurchschnittlich gut ab. Ein schweres Erwachen gibt's dagegen bei Freunden des »freundlichen Diebels« (100,96 mg/l) oder von Oettinger Pilsener (121,48 mg/l)! Doch diese Werte werden von den Weizenbieren noch in den Schatten gestellt. Grund: Das Weizengetreide enthält mehr Eiweiß – und dadurch auch mehr Fuselöle. Zum Beispiel Maisel's Weisse – 138,24 mg/l. Oder Huber Weisses Fresh – 160,42. Auch das durch die Reklame populäre Erdinger hat's in sich – 90,41. In Bayern fühlt man sich durch diese nüchterne Statistik allerdings diskriminiert und will das Ergebnis nicht auf sich sitzen lassen. Die Münchner BILD-Ausgabe schoss zurück: »Siegrun Mohring kommt aus einer Gegend, die nicht gerade als Kompetenzregion in Sachen Bier gilt. Ausgerechnet sie erklärt uns Bayern, dass unser geliebtes Weißbier Schädelweh macht – angeblich wissenschaftlich bewiesen!« Und die Münchner Abendnachrichten legten noch bajuwarisch-rustikal einen drauf: »Madl, wenn's di da net teischt!« Die Schreiber meinten, eine 25-Jährige sei noch viel zu »grün hinter den Ohren«, um sich ein fachgerechtes Urteil über das bayerische Nationalgetränk anmaßen zu können.

Von der ältesten Brauerei der Welt am bayerischen Weihenstephansberg gibt es folgende Anekdote: Im Mittelalter wollte der Papst wissen, was das für ein Getränk ist, das die deutschen Mönche in der Fastenzeit so gerne trinken – und ließ sich ein Probefässchen Weißbier kommen. Nach der monatelangen Tour über die Alpen war das Zeug beim Eintreffen allerdings völlig vergammelt und der Papst bemerkte ebenso erstaunt wie angewidert, wenn die frommen Brüder in Bayern so eine Brühe hinunterspülen können, sollen sie auch den Segen zum Saufen haben! So ähnlich kann man das heute auch sehen: Wem Weizenbier schmeckt, dem ist auch nicht vor Fusel bange. Deshalb sehen die *Weihenstephan*-Manager auch keinen Grund, wegen Mohrings Untersuchung in Aufregung zu geraten: »Des is halt ihr Bier.« Bei *Erdinger* ist man skeptischer und verschanzt sich hinter Behördenfloskeln: Kein Kommentar; man will nur auf schriftliche Fragen antworten. So ein Schmarrn! Dabei stellen die Internet-Biertester von www.biertest.de ohnehin fest, dass *Erdinger* ein schlappes Modegesöff »für *Foster's*- und *Corona*-Idioten« sei!

Mohrings Doktorvater Dr. Günther Lieck sieht in der künstlichen Aufregung einen eher amüsanten Sturm im Weizenglas: »Ich habe diese Untersuchung selbst schon vor 25 Jahren durchgeführt. Die Ergebnisse sind auch unter Brauern kein Geheimnis; nur wird das ungerne zugegeben. Im Gegensatz zu den damaligen Testergebnissen haben sich die Werte sogar durchschnittlich verbessert. Außerdem hat der Kopfschmerz-Faktor natürlich auch noch andere Ursachen ...« Dazu zählt neben der Qualität der Inhaltsstoffe auch das Brauverfahren. Vielleicht ist das der Grund, warum unser Münster-Weizenbier vom Rosenplatz im Vergleich so gut abschneidet; hier verwendet man Öko-Zutaten und verzichtet auf chemische Mittel zur Anlagenreinigung. Das erwähnte Online-Biergericht urteilt über das Produkt aus dem Hause Pinkus Müller: »Die Farbe: ungewöhnliches Vanille-Gelb. Geruch: Zitronensahne, superspritzig, zitronig eben. Geschmacklich fehlt uns etwas das Hefearoma, dennoch macht es Spaß, dieses ungewöhnliche Nass zu verkosten. Es ist mal was anderes! Absolut eine Bereicherung für den Biermarkt.« Wer trotzdem Angst vor Fuselölen hat und vielleicht fürchtet, davon zu erblinden (eine gewisse Lichtempfindlichkeit ist als Folge des Hochgenusses nicht zu leugnen ...), kann zwar auf (so genannte) alkoholfreie Biere zurückgreifen (unter 7 mg/l), bringt sich aber dafür auch um die Hauptattraktion. Übrigens: schlechte Nachricht für Weintrinker – darin ist im Schnitt doppelt soviel Fusel wie im Bier.

(Erschienen 2003)

Anmerkung:

Es ist immer wieder erstaunlich, für was für Forschungsaktivitäten an der Uni Drittmittel verbran...

äh, sinnvoll eingesetzt werden! Doch immerhin liefern diese abseitigen Projekte die buntesten Themenvorlagen. Die tapfere Doktorandin hatte sich in diesem Fall aber wohl selbst vor der Publicitywirkung ihrer Fuselforschung erschrocken. Die Leserbriefe in der BILD-Zeitung München waren echte Hasstiraden! Gut, dass gerade Biergartensaison war und die beleidigten Bayern ihre Wut in ihrem Fusel-Weißbier ersäufen konnten. Sonst hätte die Affäre noch diplomatische Verwicklungen nach sich gezogen.

# Kommilitone Cop.

## Nirgendwo gibt es mehr Polizisten als in Münster ... und Studis sind sie auch noch.

Nichts Neues: Münster ist eine Studentenstadt. Ungefähr jeder fünfte Münsteraner ist immatrikuliert; das wissen wir doch längst. Aber nicht nur an der WWU! Denn Münster ist auch eine Polizistenstadt – die Polizeidichte liegt weit über der anderer Städte in Deutschland. Dass dies im normalen Weichbild des Stadtverkehrs eigentlich kaum auffällt, liegt daran, dass in der Studistadt Münster auch die Polizisten studieren. Nun liegen die Polizeistudenten aber in der Regel nicht in Uniform am Aasee auf der Wiese, tummeln sich nicht mit Dienstmütze auf dem Kopf in der Mensa und heizen auch nicht mit Teppichtaschen am Fahrradlenker ohne Licht über Bürgersteige; stattdessen sitzen sie geordnet in den Seminaren des Institutes für Fort- und Weiterbildung an der Weseler Straße oder in der Polizeiführungsakademie in Hiltrup. Diese Polizeiführungsakademie wird gerade umstrukturiert, zur Deutschen Hochschule der Polizei, also zu einer richtigen Polizei-Uni mit allem Drum und Dran. Vor den Sommerferien hatten die Innenminister aller Länder dazu ihre Unterschrift unter ein entsprechendes Abkommen gesetzt. Schon in genau einem Jahr sollen alle Vorbereitungen fertig sein – dann werden wir noch mehr grüne Studis in Münster sehen.

Das Ziel der Polizeihochschule: »eine bestmögliche, einheitliche, kompetenzorientierte Qualifizierung durch die enge Verflechtung von Wissenschaft und Praxis in Lehre und Studium«. Das bedeutet, die Innenminister wollen den alten Thekenwitz nicht mehr hören, warum Polizisten immer zu zweit auf Streife gehen (»Der eine kann lesen, der andere schreiben«). Deshalb soll die »Akzeptanz der Polizei in der Bevölkerung« durch Qualifizierung auf Vordermann gebracht werden. Der Sprecher drückt das so aus: »Die Anforderungen und Erwartungen an die Polizei haben sich verändert. Es war bisher ein Mangel, dass wir nur Lehrkräfte aus den Reihen der Polizei hatten. Für die Vermittlung von BWL oder Sozialwissenschaften brauchen wir aber Personal vom freien Markt.« Wo früher noch ganz rustikal die »Leberwurst-Taktik« für Demos vermittelt wurde (»In der Mitte reinstechen und zu den Seiten rausdrücken«), unterrichtet demnächst der SoWi-Prof. die interessierten Beamten im kommoden Umgang mit dem Bürger. Der Studiengang nennt sich übrigens sehr zeitgemäß *Public Administration – Police Management.*

Dieser kooperative Austausch zwischen Uni und Polizei funktioniert zuweilen auch andersrum: Beim letzten Elternalarm zeigte Polizist Willi Stratmann von der Verwaltungshochschule Münster zum größten Gaudium seiner Zuhörer, mit welchen Tricks er Drogenkonsumenten auf die Schliche kommt. (Eigentlich wurde die Drogenprävention längst von Münster nach Neuss ausgegliedert, aber die Stratmann-Vorlesung

bleibt einfach ein Publikumsrenner). Wenn Stratmann darüber doziert, wie man Drogenkonsum identifiziert (»Eine Colaflasche mit abgeschnittenem Hals ist ein Hinweis auf eine selbstgebaute Wasserpfeife ...«), staunen Eltern – und Studenten bekommen feuchte Hände ...
Doch auch in der gemeinsamen Forschung geht was: Das Institut für Fort- und Weiterbildung der Polizei an der Weseler Straße hat gemeinsam mit der Uni-Klinik ein Projekt zur Wiedereingliederung von Polizisten entwickelt, die nach Schusswechseln traumatisiert sind. Dazu wurde am Uniklinikum eine Studie durchgeführt. Vom Ergebnis erhofft man sich, dass die betroffenen Beamten schneller wieder dienstfähig werden.

Im Seminar für Interkulturelle Kompetenz lernen Polizisten von qualifiziertem Uni-Personal »Grundsätze des Islam«. Das Wissen können sie dann bei Unterrichtsbesuchen in der Geistschule mit Schülern aus fast 50 Nationen praktisch anwenden. Sprecher Kröner freut sich über die Erfolge. »Für die Jugendlichen ist das ein anderer Zugang zur Polizei ... ansonsten sind deren Kontakte zur Polizei ja oft nicht so ... äh ... erfreulich.« Auch das atmosphärische Klima an den polizeilichen Bildungsstätten in Münster soll weiter qualifiziert werden. Der sozialwissenschaftliche Dienst der Uni führt in den ehemaligen Polizeikasernen Coachings durch, um den persönlichen Umgang in den Behörden zu verbessern. »Wir nutzen die Beratung, um Probleme zu erkennen und zu lösen«, sagt Kröner. Laufen die Polizisten demnächst mit bunten Namens-Buttons (»Ich bin der Jens«) über die Linoleumflure?

Das interne Leitbild der Polizei-Uni wurde in enger Zusammenarbeit mit Corporate Communication-Experten der Fachhochschule Münster verfasst. Die Auszüge daraus haben nichts mehr mit dem Gummiknüppel-Schupo zu tun, sondern sind eher aus dem Manager-Workshop entlehnt: »Wir sind das wichtigste Forum zwischen Wissenschaft und Praxis zur Diskussion polizeilicher Fragen in Deutschland. Wir stehen für eine weltoffene, wertegebundene Polizei. Wir kooperieren partnerschaftlich mit Bildungs- und Forschungseinrichtungen.« Und jetzt kommt's: »Wir verstehen uns als Team, leben Qualitätskultur (!!) und entwickeln uns und unsere Hochschule kontinuierlich weiter mit Ziel eines Spitzenniveaus in Lehre, Studium, Forschung und Dienstleistung.« Dienstleistung? Ja, richtig gelesen! Sozialwissenschaften, Kommunikationskompetenz, Qualifizierung – da fragen wir uns, ob diese Bildungsoffensive nicht zu einem völlig veränderten Polizistentyp führen wird. Wird uns der Streifenpolizist demnächst in geschliffener Rhetorik kommunizieren, dass unsere verfügbaren Barerträge jetzt in die Wertschöpfung des Landeshaushaltes migrieren, um auch positive Impulse für unsere sicherheitstechnische Performance zu generieren – statt uns wie früher anzuschnauzen und 15 Euro wegen Fahrradfahren ohne Licht abzuknöpfen? Immer schön lieb sein! Anzeichen dafür gibt es schon: Bei der letzten Anti-Castor-Demo bildeten die Münsteraner Polizisten mit betont legerem Äußeren, jovialem Dialog und Pommes in der Hand einen beweglichen Kordon, um die Atommüllgegner von den Berliner SEK-Kollegen fernzuhalten (oder umgekehrt), die zuweilen wie eine Knochenbrecher-Kohorte auftreten und ihrerseits die Demonstranten gerne zum Raufen provozieren

(»Ey Zecke! Wat glotzt'n so? Willze aufs Maul?!«) ... Zu diesem Eindruck passen aktuelle Medienberichte, nach denen holländische Haschproduzenten ihr genmanipuliertes Superskunk neuerdings immer öfter auf der deutschen Seite des Grenzgebietes anbauen, um es nach der Ernte wieder in die Niederlande zu reimportieren. Nach Aussage von Dealern, die von der niederländischen Polizei festgenommen wurden, ist der Grund für den Tourismus ganz einfach: Die Dealer fühlen sich von den deutschen Beamten längst nicht so scharf verfolgt wie von der holländischen Polizei.

(Erschienen 2006)

Anmerkung:

Als dieser Artikel entstand, war noch kaum absehbar, dass man eines Tages mit den Bullen geradezu Mitleid haben würde: Zwischen den Fronten von Rockern, respektlos beleidigt von Minderjährigen, handgreiflich bedroht von Jugendlichen – ich möchte kein Polizist im Großstadtrevier sein! Eine Zeitreise in die gute alte Zeit ist für Polizisten ein Besuch ihres Polizeimuseums in der Hiltruper Bullen-Uni: Hier gibt's sogar eine antiquarische Schlagstock-Sammlung!

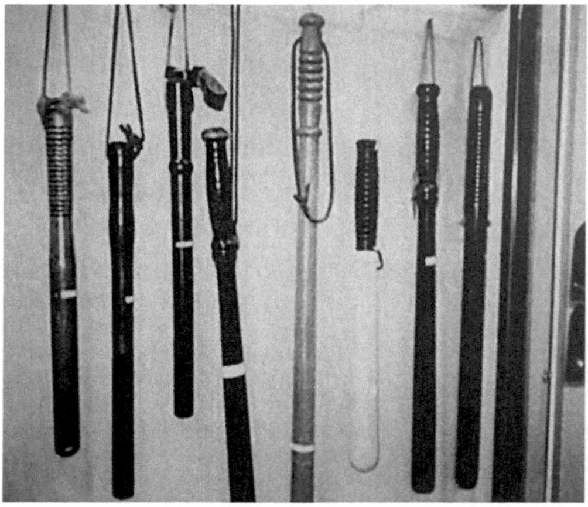

Das schönste Exponat im Polizeimuseum Hiltrup:
Die historische Schlagstock-Sammlung.

Modernere Kommunikationsmittel zeigt den Polizisten die internationale Polizeimesse Ipomex in Münster, auf der ich auch schon Highlights der Realsatire gefunden habe.

# Schön straff bleiben!

## Zu Besuch bei Münsters Tattoo-Forscher Dr. Thomas Lentes.

»Tätowation«, juxte Helge Schneider seinerzeit, »war ja, als ich damals zur See fuhr, noch richtig kunstvoll. Da wurde noch mit viel Phantasie gearbeitet. Nicht so wie heute, wo mir einer sein' Arm zeigt und da steht dann drauf: ›ich hau dich gleich inne Fresse, du Arschloch!‹« Tatsächlich haben Tätowierungen ihren Outlaw-Charme längst verloren und zieren zierliche Supermarktkassiererinnen-Schultern statt rauher Karussellbremser-Unterarme. Trotzdem haftet der Geschichte der Hautbildchen immer noch das Klischee von Schwalben und Ankern aus jenen Tagen an, als Helge Schneider noch zur See fuhr. Ein Münsteraner Tätowierungsforscher weiß es besser: Wir ließen uns von Dr. Thomas Lentes die Chronik der Tattoos hinter die Ohren schreiben.

Der Theologe und Kulturhistoriker stieß in der Geschichte des Mittelalters immer wieder auf verschiedene Quellen zu Körpermarkierungen. Deshalb beschloss er vor rund vier Jahren, dem Thema besonderes Interesse zu widmen. Seitdem gräbt Lentes Stück für Stück die Ursprünge der Tätowierung aus. Und die sind nicht auf Seemannsarmen zu suchen. Lentes meint: Bei außereuropäischen Völkern finden wir überall frühe

Zeugnisse von Tätowierungen als Stammesmerkmalen – ungefähr jene Muster, die heute bei Teens und Tanten als Tribals beliebt sind. »Vielfach gilt bei diesen Kulturen die Vorstellung, der Körper sei im Grunde ein unfertiger ›Rohstoff‹, der erst durch ›Bearbeitung‹ veredelt werden muss.« Auch bei den Kelten, etwa den Iren, galt Körperschmuck als schick. Doch dann war erst mal Feierabend: Das Christentum verbot den Körperkult. Lentes: »Bei den Juden und Christen galt der Körper des Menschen als heiliges Abbild Gottes (»Imago Dei«) – und Tätowierung als eine verbotene Beschädigung.« Tätowierung war sozusagen illegale »Graffiti« am göttlichen Abbild.

Tätowiert wurde ab jetzt meist nur noch unfreiwillig: etwa im Bereich der mittelalterlichen Strafrechtspflege. Gesetzesverstöße ahndete man mit allerlei gewaltsamen Körpermarkierungen – daher stammt auch der Begriff »Schlitzohr« für einen krummen Geschäftemacher. Statt Sozialstunden sah der mittelalterliche Strafkatalog häufig ein »Branding« vor. (Leibeigene und Sklaven wurden übrigens nicht zum Zweck der Eigenstums-Kennzeichnung tätowiert. Hier galten in Besitzfragen die gültigen Papiere als Inhaberausweis.) Doch auch bei Straftätern hatte die Kirche arge Bedenken gegen die Brandmarkung, denn immerhin handelte es sich auch bei Kriminellen nach Ansicht von gelehrten Geistlichen um menschliche Abbilder Gottes. Deshalb verbot die Kirche die Kennzeichnung von Straftätern im Gesicht (auch heute werden Tätowierungen bevorzugt an diskreten Stellen angebracht). Dabei kam es in manchen juristischen Verfahren zu prekären Grenzfällen: Weil auch die Priestersalbung als eine Körpermarkierung, jedenfalls als unauslöschlich galt, war es ein rechtliches Problem, einen kriminellen Priester der weltlichen Gerichtsbarkeit zu überstellen. Bevor man einen geheiligten Mann vor ein weltliches Gericht bringen konnte, musste die Salbung rückgängig gemacht werden wie die Entfernung einer Tätowierung. Im Fall eines Mönches aus Erfurt, der wegen mutmaßlicher schwerer Brandstiftung vor Gericht gestellt wurde, kannte man kein Pardon: Um sicher zu gehen, dass die göttliche Weihe der Salbung vor der Verurteilung getilgt wurde, entfernte man kurzerhand die Haut der gesalbten Körperteile ... aua!!

Auch bei der Königswürde wurde gesalbt – aber auch tätowiert: Um die durchlauchte Hoheit von Gottes Gnaden nicht nur symbolisch, sondern auch sichtbar zu tragen, galt zumindest am englischen und französischen Königshof eine tätowierte Lilie als Ausweis der hochwohlgeborenen Herkunft. Diese Praxis wurde bis ins frühe XX. Jahrhundert gepflegt – man kann also vermutlich davon ausgehen, dass die olle Queen Viktoria ein dezentes Lilien-Tattoo unter dem streng hochgeschlossenen Kleid versteckte. Bei den deutschen Wahlkaisern gab es für eine tätowierte Krone dagegen keinen Bedarf. Aber zurück ins finstere Mittelalter: Die ersten, die das von der Kirche verbotene Tätowieren wieder schick machten, waren ausgerechnet christliche Fanatiker. Die Kreuzritter entwickelten mit ihrem Einheitsgewand nicht nur die erste militärische Uniform der Geschichte, sondern schnitten oder brannten sich auch Kreuze oder den Namen Christi in die Haut, bevorzugt auf die Stirn. Häufig wurde dazu eine fantastische Story von einem Engel präsentiert, der erschienen sei und denjenigen als Auserwählten gekennzeichnet habe. Lentes: »Solche ›Male‹ hatten für Mitläufer eine geradezu magische Anziehungskraft – solchen Typen mit Kreuzzeichen sind die Leute in Scharen nachgelaufen. Diese fanatisierten Horden sind auf dem Kreuzzug nach Palästina sengend und brennend durch die Gegend gezogen.« Das ist für diese Zeit kennzeichnend: Die ersten Selbsttätowierer waren meist fanatisierte »Spinner« wie Mystiker und Alchemisten, die sich im Wahn biblische Zeichen und Namen in die Haut ritzten (das erinnert an Van Gogh).

Erst gegen Ende des Mittelalters kommt Seemann Helge Schneider ins Spiel, der die Sitte der Tätowierung von außereuropäischen Insulanervölkchen mitbringt und sich zunächst ebenfalls mit biblischen Motiven schmückt. Später kommen barbusige Meerjungfrauen, Segelschiffe auf Wellen oder Herzchen (ob mit »Lilly« oder »Mutti«) unter die Haut. Die ersten, die sich nach dem I. Weltkrieg wissenschaftlich mit der Körperkunst befassten, waren keine Historiker, sondern Ärzte – insbesondere Rechtsmediziner. Ein grausiges Kapitel der Tattoo-Forschung schlagen SS-Ärzte in den Konzentrationslagern des Dritten Reiches auf, die tätowierte Häftlinge töten lassen, um ihre Hautbilder als Präparate zu sammeln. Seit Tätowierungen nicht nur von Knastologen oder bizarren Typen wie »Tattoo-Theo«, der wandelnden Bildtapete von St. Pauli, sondern auch von Managern und Sekretärinnen geschätzt werden, wächst augenblicklich eine zukünftige Generation von volltätowierten Senioren heran, über die sich spätere Zivis bei der Körperwäsche im Altersheim sicher noch kaputtlachen werden. Lentes führt das auf ein verändertes Körpergefühl zurück, dass nicht mehr der Auffassung vom »imago dei« entspricht, sondern eher dem Anti-Aging-Körperkult von Lifting und Bodybuilding.

Dabei gibt es nur ein Problem, lacht Lentes: »Tätowierungen sehen nur gut aus, solange die Leute straff sind ... harhar!«

Tanina Palazzolo und ihr Team fordern: Paint Your Bones! Mein Lieblingsmotiv: Eine Reihe Linien mit dem Zusatz: »Raum für Notizen«.

Und das auch nur, solange das Dekor einigermaßen geschmackvoll gewählt ist: »H-a-s-s« auf den Fingerknöcheln ist nicht wirklich hilfreich bei der Stellensuche im Kundenservice des Bankschalters; am »Liebeshügel« mit Grabeskreuz (nur echt mit falscher Perspektive) hat man sich sicher auch schnell satt gesehen. Weil mit diesem Problem offenbar immer mehr Tattoo-Fans konfrontiert werden, hat die Hautklinik der Uni Münster kürzlich eine Station zu ihrer Entfernung eingerichtet. Wegen der großen Nachfrage sind alle Termine derzeit ausgebucht!

(Erschienen 2002)

Anmerkung:

Die Nachfrage nach Tattoo-Entfernung ist seitdem rasant gewachsen; heute beschäftigen sich in Münster schon spezialisierte Kosmetikstudios ausschließlich damit. Eine Dermatologin berichtete, dass sich manche Kunden ihre Tätowierung schon am selben Tag (!) wieder weglasern lassen! Sich das Motiv reiflicher zu überlegen, wäre auch eine Lösung ... In Münsters Tattoostudios sind übrigens Oldschool-Motive wie Anker, Schwalben und Segelschiffe schon seit längerem wieder topaktuell. Da werden spätere Generationen von Zivildienstleistenden beim Seniorenbaden schön staunen.

# So ein Saustall.

## Der Hausmeister-Report: Freche Studis, marode Gebäude & überall das Leezen-Chaos.

Studentenwohnheime sind eine gute Sache – denn sie erziehen zur Effizienz: Dank der Kompaktheit der Nasszellen kann man alle Körperpflegetätigkeiten gleichzeitig ausführen. Das spart Studienzeit. Aber was ist, wenn in der Kellerbar das Bier alle ist? Oder der Wäschetrockner nicht geht? Oder man seinen Appartementschlüssel verliert? Im Studiwohnheim lebt ein Gespenst. Es rasselt mit Schlüsseln und huscht durch Flure, wenn die Studenten noch in der REM-Phase schlummern. Es wechselt Glühbirnen und schließt Türen auf. Dieser gute Geist heißt Hausmeister. Ohne ihn wären die Studenten verloren ...

Zu jedem Semesteranfang kommen neue Uni-Rekruten mit exotischen Kfz-Kennzeichen wie HSK, OL oder VEC und schleppen Billy-Regale, Topfpalmen und Mini-Fernseher in ihre 17,5-qm-Quartiere, in denen sie durchschnittlich für die nächsten fünf Jahre hausen. Sie sind unschuldig wie Lämmchen; sie wissen nichts über den Unibetrieb, die neue Stadt und nicht einmal, ob sie sich für den richtigen Studiengang entschieden haben. Aber Mama und Papa, wieder zuhause

in HSK, OL oder VEC, müssen sich keine Sorgen machen: Es passt jemand auf die Kleinen auf – der Hausmeister. Zum Beispiel Herr Wendland, Schlossherr auf der »Boeselburg«, dem Wohnheimbunker an der Boeselagerstraße.
Dass die Architekten der 1970er Jahre von der »Pueblo-Bauweise« besessen waren, bezahlen die 720 Wohnheim-Insassen heute mit stillen Blocks und dunklen Fluren, auf denen sich Anonymität breitmacht. In der Vergangenheit führte das zu unschönen Symptomen: illegale Doppelbelegung, Vandalismus, Dealergeschäfte. Achim Wiese, stellvertretender Geschäftsführer des Studentenwerks erzählt: »In einigen Wohnanlagen gab es eine richtige Ghettoisierung«. Damit ist Schluss. Und damit so was nicht wieder einreißt, macht es euch der Hausmeister richtig schön muckelig. Wendlands Kollege Weckmann sagt: »Wir wollen etwas dagegen tun, dass die Studenten sich fremd sind.« Zu den Maßnahmen zählen der Studi-Kiosk (bis 23 Uhr geöffnet!), der chillige Wohnzimmer-Treff und die »Sonderbar« im Keller von Block C. Die Angebote werden »gut angenommen«, freuen sich die Hausverwalter. Am besten angenommen wird übrigens der 24-Stunden-Schlüsseldienst für günstige 20 Euro pro Einsatz, lacht Weckmann.

Der Hausmeister vom Wohnheim hilft, wenn Ihr die
Flasche nicht aufkriegt, aber DAS ist kein Fall für ihn.

Apropos: Sind Studis (vor allem Erstis) verpeilte Nerds, die nicht nur dauernd ihren Schlüssel, sondern womöglich auch den Überblick über ihr Leben verlieren? Manfred Witt, Hausmeister am Schlossplatz 4-7, bläut »seinen« Studenten erstmal ein, dass sie ihre Fahrräder nicht vor der Tür parken! Und zwar »gerne und mit Nachdruck und auch mehrfach am Tag«. Bis es sitzt eben. Mit demselben Nachdruck erzieht der Hausmeister allerdings auch die Profs: »Das Mikrofon muss ich keinem Dozenten hinterherschleppen. Das holen die sich brav vor der Vorlesung bei mir ab.« Was er nicht leiden kann: »Wenn nachts im Labor Proben überköcheln.« Solche Einsätze gehören aber nun mal zum Job der insgesamt 69 Hausmeister an der Uni Münster.

Das neueste unter den zwei Dutzend Studentenheimen Münsters ist das alte Hotel Coerdehof im Kreuzviertel. Das Studentenwerk hat das Objekt nach längerem Leerstand gepachtet und zum neuen Heim für 59 Studis gemacht. Die haben's gut: mitten in Münsters angesagtem Yuppie-Altbauviertel, schräg gegenüber von Copy-Center und »na dann...«-Filiale, fünf Fahrradminuten zur Promenade und zum Nordpark – so studiert es sich optimal. Nachdem anfangs geplant war, das Haus nur mit Studentinnen zu belegen, ist die Mieterschaft jetzt beiderlei Geschlechts. Grund: Münsters Studentengirls hatten nicht genug Bedarf nach einem reinen Mädelwohnheim. Wo man jetzt auch in Münster leichter mit Kind studieren kann. Die Anwohner waren darob nicht unskeptisch. Tatsächlich gab's gleich die ersten Klagen, weil Nachbarn nicht schlafen konnten. Allerdings nicht wegen akustischer Emissionen, sondern wegen des grellen Lichts der Leuchtreklame, die den Studis nachts heimleuchtet. Hausmeister Musholt löste das Problem elegant durch zwei herausgedrehte Leuchtkörper. Und Musholt weiß auch, warum sich das zu 100 Prozent belegte Coerdehof-Studiheim seitdem völlig störungsfrei in das Wohnviertel integriert: »Weil wir hier nur besonders liebe Studenten untergebracht haben.« Ach so. Ab sofort hat übrigens das ehemalige Hotelbistro als Gastronomie geöffnet – für Studis »und normale Menschen« (Musholt). Diese Einrichtung könnte nicht nur den Wohnheimbewohnern nützen, sondern dem Kreuzviertel auch ein Stück Studi-Flair zurückbringen.

(Erschienen 2007)

Anmerkung:

Diese Rückkehr des Studentenflairs hat das Kreuzviertel auch bitter nötig, seit es zu einem Laufsteg für die linksliberale Lehrer-Schickeria und SUV-Fahrer geworden ist. Nicht dass diese kleine heile Welt nicht muckelig wäre, aber seit dieser Faktor von Immobilienvermarktern ausgepresst wird, ist er die utopischen Mieten nicht mehr wert. Und wie immer wird die Ressource nicht geschont, sondern weiter verdichtet. Soll man Kaltmieten wie auf dem Mond bezahlen, weil man in einem Neubauviertel wohnt, zwischen dessen Blocks noch ein paar Jugendstilhäuser stehen, die früher mal den Ruf eines jovlen Studentenquartiers hatten?

# Der Fall Verschuer.

## Ein dunkles Kapitel wird aufgedeckt: Die Mengele-Connection eines Medizin-Profs und seine Nachkriegs-Karriere an der Uni Münster.

Während derzeit einige Deutsche an der intellektuellen Schwäche leiden, von 33 bis 45 immer tausend zu errechnen, zeigen andere – zum Glück – moralische Stärke und distanzieren sich öffentlich vom Un-Heil des Nationalsozialismus. Wie zuletzt bei der Diskussion um die Entschädigung von Zwangsarbeitern des NS-Regimes deutlich wurde, tun sich private wie öffentlich-rechtliche Institutionen damit allerdings recht schwer und vollführen peinliche Eiertänze.

Bereits im Juli gab die WWU Münster jedoch ein positives – wenn auch reichlich spätes – Gegensignal. In einer öffentlichen Erklärung bekannte sich die Uni Münster zu ihrer Verantwortung für Willkür und Verfolgung im Hochschulbereich während der NS-Zeit: »Die WWU, in dem Bewusstsein, dass auch durch Uni-Organe im Dritten Reich Unrecht begangen wurde, für das die Übernahme der Verantwortung über 50 Jahre versäumt wurde, stellt fest, dass diese Menschenrechtsverletzungen zutiefst den humanistischen Idealen einer Universität widersprechen. Die WWU bekennt sich voll Scham zu ihrer Verantwortung ...« heißt es in der Resolution. Und es bleibt nicht bei den hehren Worten: die zwischen 1933 und '45 entzogenen Doktorgrade und Relegationen von Studierenden sind am 13.7.2000 offiziell für nichtig erklärt worden. Zehn Doktoren, 35 Hochschullehrer und wissenschaftliche Mitarbeiter sowie 12 Studenten wurden im Zuge der »nationalen Revolution« aus »rassischen« oder politischen Gründen von Münsters Uni geworfen. Den meisten nützt die späte Rehabilitation freilich nichts mehr.

Einigen Kritikern kam die Reue nicht nur zu spät, sie ging ihnen auch nicht weit genug. Denn ebenso, wie damals Opfer willkürlich entlassen wurden, wurden später oft Täter ebenso unbefangen wieder eingestellt. Die Forderung: Die Uni müsse sich nicht nur von unrechten Ausschlüssen distanzieren, sondern auch von umstrittenen Berufungen. Als Beispiel wurde – wieder einmal – der Fall Verschuer genannt. Auch wenn Uni-Sprecher Norbert Frie die »Affäre« Verschuer zurecht »ein bearbeitetes Kapitel der WWU-Geschichte« nennt, bleibt der heikle Fall eines der grellsten Beispiele für eine zweite Karriere von NS-Figuren in der Bundesrepublik.

1935 promovierte ein gewisser Josef Mengele über »Rassenmorphologische Untersuchungen« bei »primitiven und progressiven Rassen« – sprich Juden und Ariern. Es war das Jahr der Nürnberger Rassegesetze – Mengele erhielt die Note »summa cum laude«. Auf Empfehlung seines Doktorvaters bekam er eine Stelle beim »Reichsinstitut für Rassenhygiene« in Frankfurt/Main, Leiter: Prof. Otmar von Verschuer. Beim

Rassenamt der NSDAP gab es eine Akte über ihn: »... steht dem Nationalsozialismus mit völlig ehrlicher Loyalität gegenüber ... wirkt propagandistisch besonders überzeugend.« Verschuers Steckenpferd: Zwillingsforschung im Dienste der »Rassenpflege«. »In Deutschland ist die Prophylaxe von Erbkrankheiten durch Sterilisation und Eheverbot bereits in die Volksgesundheitspflege eingebaut!«, bejubelte Verschuer die NS-Politik. Verschuer und sein Assistent Mengele traten nun vor Gericht als Sachverständige in »Rassenschande-Prozessen« auf. Wer Jude war, bestimmten sie. 1942 wurde Verschuer zum Direktor des Berliner Kaiser-Wilhelm-Institutes für Erbbiologie (später Max-Planck-Institut) befördert. Als erstes beantragte er umfangreiche Geldmittel für die »Zwillingsforschung«. Prof. Ferdinand Sauerbruch (!) bewilligte sie. Mengele, inzwischen SS-Hauptsturmführer, wurde zum SS-Rasse- und Siedlungshauptamt in Berlin abkommandiert. 1943 meldete er sich auf Anraten Verschuers zum Dienst in Auschwitz: »Gehen Sie, es liegt im Interesse der Wissenschaft.« Hier »sammelte« Mengele »Material« für seine pseudowissenschaftlichen Bestialitäten, bevorzugt Zwillinge. Zunächst wurden ihre Daten wie Größe, Gewicht, Alter in statistischen Fragebögen des Kaiser-Wilhelm-Institutes an Verschuer geschickt. Kurz darauf landeten ihre Knochen und Augen in Packpapier und Alkohol auf Verschuers Schreibtisch. 1944 erstattete Verschuer der Deutschen Forschungsgesellschaft (Vorsitz: Sauerbruch) einen Statusbericht über sein Projekt »Spezifische Eiweißkörper«: »Mein Assistent Dr. Mengele führt als Lagerarzt im KZ Auschwitz mit Genehmigung des Reichsführers SS Untersuchungen an verschiedenen Rassegruppen durch.« Verschuer brauchte für sein Eiweißkörper-Projekt viel Blut. Ein

Auschwitz-Überlebender schildert, wie Zwillingen aus beiden Armen Blut entnommen wurde, »bis sie wie leere Plastiktüten auf den Boden fielen.«

Mit dem Zusammenbruch des III. Reiches ging Verschuer vorübergehend auf Tauchstation. Ein erster Versuch, in Frankfurt ein neues Institut zu gründen, scheiterte am Protest der Öffentlichkeit. In Münster wollte von seiner Vorgeschichte hingegen niemand so recht etwas wissen, als er 1951 als Professor an die WWU berufen wurde. Heute für Uni-Sprecher Frie unnachvollziehbar, »dass da niemand gefragt hat?!« Sein Fach »Erblehre und Rassenhygiene« taufte er in »Humangenetik« um. Einem Kollegen schrieb er: »Lassen Sie uns schweigen über das Schreckliche – es liegt hinter uns.« Euthanasie, Menschenversuche – Schwamm drüber!
Mengeles Briefe und »Forschungs«ergebnisse ließ er sicherheitshalber verschwinden – seine eigenen Zwillingsprojekte setzte er allerdings unter Verwendung der alten Karteikarten ungerührt fort. Auf Proteste und Erinnerungen an seine Vergangenheit reagierte Verschuer gereizt: »Verleumdung!«, »Intrigen!«, »Hetze!«. 1952 wurde er Vorsitzender der Deutschen Gesellschaft für Anthropologie, 1954 sogar Dekan der Medizinischen Fakultät Münster. Während sich Assistent Mengele in Brasilien bei SS-Kameraden verstecken musste, bildete Verschuer in Münster Generationen von Medizinern aus und genoss in wissenschaftlichen Kreisen höchste Anerkennung. 1965 ging Prof. Verschuer in den »wohlverdienten« Ruhestand. 1969 starb er an den Folgen eines Verkehrsunfalls. Seine rund 50.000 Einzelschriften stehen in 600 Bänden im Archiv des humangenetischen Institutes der Uni Münster. Erst 1990 machte Prof. Dr. Richard Toellner vom münsterschen Institut für Geschichte und Theorie der Medi-

zin diese grauenhaften Zusammenhänge mit einer großen dokumentarischen Ausstellung transparent. Längst überfällig, denn »eine Auseinandersetzung mit der eigenen Geschichte fand nicht statt«, so Toellner. »Der Arzt erlag den Verlockungen der Machtteilhabe und kurierte im Auftrag des Führers lieber gleich den ganzen ›Volkskörper‹, statt sich mühsam um die Gesundheit des einzelnen Patienten zu kümmern.« Verschuer hat stets erklärt, immer völlig unpolitisch gehandelt und nur der Wissenschaft gedient zu haben (gleichwohl nahm er 1920 am rechtsradikalen Berliner Kapp-Putsch teil, der am Massenstreik von Arbeitern und Beamten scheiterte). Der Münsteraner Medizinhistoriker Dr. Peter Körner kommentiert: »So wie Verschuer haben sich viele Teile der Wissenschaft verhalten. Von Einsicht keine Spur.« Wohl wahr: Auch Juristen haben sich nach '45 auf ein rein wissenschaftliches Verständnis ihrer Arbeit zurückgezogen und sich dahinter jahrzehntelang verschanzt. Dabei lieferten sie ebenso wie manche Mediziner die wissenschaftliche Munition für Rassenwahn und Holocaust. Zum Glück sind die unseligen Zeiten solcher Karriere-Kontinuitäten heute vorbei. Und zwar nicht nur, weil sich das Altnazi-Problem biologisch erledigt, sondern – wie zuletzt der Fall Pfeiffenberger zeigte – weil anstelle von Ignoranz und »Gnade der späten Geburt« in der Uni Münster längst kritisches Bewusstsein eingezogen ist. Manche Altlinke – wie etwa die *taz*, die die Uni-Resolution bemäkelte – können sich heute jedoch wohl nur schweren Herzens von der liebgewonnenen (und damals unzweifelhaft zutreffenden) Überzeugung von verkappten Altnazis im System verabschieden.

(Erschienen 1998)

Anmerkung:

Verschuer war nicht der Einzige, der an der Uni Münster im Dritten Reich seine Finger in der Tötungsmaschinerie hatte. Zum Beispiel der Zwangssterilisateur Karl Jötten, dessen Name 2007 eine Kontroverse um die Umbenennung eines nach ihm heißenden Weges auslöste. Besonders gruselig ist das seltsamerweise kaum bekannte Tagebuch des Prof. Dr. Paul Kremer von der Uni Münster, der an der berüchtigten Rampe in Auschwitz über Leben und Tod entschied. Kremer beschreibt u. a. lapidar, wie er vormittags eine fröhliche Radtour mit der Frau des Lagerkommandanten unternimmt und nachmittags Frauen im Lager mit Giftinjektionen »abspritzt«.

# Studis im Urlaub.

## Mit dem fliegenden Hörsaal um die Welt.

Wer viel leistet, braucht auch viel Erholung. Völlig klar, dass gerade Studenten besonders viel Ferien nötig haben. Leider wird eine angemessene Urlaubsreise aber oft durch ein enges Budget verhindert. Hier ist die Lösung: Einfach gratis mit der Uni verreisen! Hier steht, wie's geht:

Die antiken Trojaner interessierten sich nicht nur für Holzpferde, sondern waren auch maritim veranlagt. Darum ging's 310 v. Chr. im Hafen von Alexandria Troas relaxt zu: Man besuchte das Amphitheater (20.000 Plätze) oder spazierte auf der Küstenpromenade und schaute zu, wie das Meer die antiken Wellenbrecher-Säulen umspielte.
Heute liegt der Hafen unter dem Sand der westlichen Türkei. Und Ihr buddelt ihn aus! Prof. Dr. Elmar Schwertheim und Prof. Dr. Hans Wiegartz leiten ein studentisches Grabungsteam der Uni Münster. Und das genießt kostenlos Sonne und Strand an der idyllischen Ägäisküste. Ab und zu finden die Studis sogar interessante Antiquitäten, wie eine Steintafel mit den offiziellen Regeln der antiken Olympischen Spiele. Die Grabungssaison ist im klimatisch freundlichen Frühjahr. Wassertemperatur im Juni: 27 Grad! Und das Bes-

te: Die türkische Regierung hat der Uni Münster versichert, noch hundert Jahre weiterforschen zu dürfen. Also keine Angst zu spät zu kommen – es können noch Generationen von Studis am Mittelmeer ausspannen. Und antike Steine sind auch noch genügend da.
Tipp: Liebe Archäologen, wenn Ihr das nächste Mal in die südliche Sonne reist, nehmt unbedingt Sandor Söter und Sebastian Kertin mit! Die beiden WWU-Mitarbeiter haben nämlich in 2.500 Arbeitsstunden (!) einen Cocktailautomaten erfunden, der vom WDR zur »Erfindung des Jahres 2008« gekrönt wurde und nun für 120.000 Euro zum weltweiten Patent angemeldet wird. Und das aus gutem Grund: Die Maschine portioniert und mixt aus bis zu acht verschiedenen Zutaten perfekte Drinks – computergesteuert! Sogar den Farbverlauf beim Tequila Sunrise generiert das an der Uni Münster entwickelte Programm »Pecomix« optimal! Genau das Richtige zum Sonnenuntergang am Ägäisstrand!

Das absolute Kontrastprogramm bieten dagegen die Trekkingtouren des Hochschulsports. Denn die führen nicht durch westfälische Trampelpfade, sondern direkt zum Mount Everest! Diese Exkursion ist nichts für BWL-Luschen oder SoWi-Pfeifen! Hier überleben nur die Härtesten! Mit den Strapazen geht's schon gleich am Flughafen von Kathmandu los: Man ist umringt von leprakranken Bettlern, schreienden Taxifahrern und aufdringlichen Schaulustigen – Kulturschock! Und das ist erst der Anfang von vier Wochen zum Gokyo Peak in 5.400 Metern Höhe. »Natürlich ist es für künftige Sportlehrer nicht zwingend erforderlich, in den Bergen des Himalaya gewandert zu sein ...«, meint Hochschulsport-Abteilungsleiter und Wanderführer Tim Seulen

im Interview mit Münsters Uni-Zeitung bescheiden, »aber die soziale Komponente ... ist eine wichtige Lebenserfahrung.« Na dann. Wen der Yeti nicht auffrisst, kriegt bald andere Probleme. In fünftausend Metern Höhe wird das Blut dick, die Luft hat nur noch 50 % Sauerstoffgehalt. Da ist es ein Vorteil, als Student unterwegs zu sein. Denn kommerzielle Reiseanbieter scheuchen ihre Touristen trotz des Sauerstoffmangels so schnell wie möglich auf den Gipfel. Längst nicht alle Reisegäste kommen oben an; viele kippen unterwegs aus den Latschen. Die Studis bummeln lieber: Durchschnittlich nur zehn Kilometer beträgt das Tagespensum – allerdings mit 15 Kilo Marschgepäck.
Geduscht wird in den vier Wochen nicht. Richtig gelesen. Und zwar aus Rücksicht: Erstens, weil das Duschwasser mit Holz erhitzt wird und das die Abholzung der Bergwälder vorantreibt. Zweitens, weil Frauen und Kinder das Duschwasser kilometerweit zu den Touristen-Rastplätzen schleppen müssen.
Was Seulen mit »sozialer Komponente« und »wichtiger Lebenserfahrung« meint, erklärt er so: »Wer mitgeht, kann nicht zurück. Die Gruppe ist auf Gedeih und Verderb aufeinander angewiesen, ob man sich riechen kann oder nicht. Konfliktpotenzial ist vorhanden – auf der vierwöchigen Tour hat jeder mal einen schlechten Tag. Und wenn man dann schnaufend über einen 3.500 Meter hohen Pass stapft, hinterfragt mancher seine Entscheidung, unbedingt an dieser Exkursion teilzunehmen.« Also sagt nicht, wir hätten Euch nicht gewarnt!

Wem das zu anstrengend ist, der kann immer noch das südlichste Seminargebäude der Uni Münster besuchen: Die Zaferna-Hütte im Kleinwalsertal der Allgäuer Alpen. Wie Ihr dahin kommt? Einfach einen Ski- oder Wanderkurs der Sportwissenschaften belegen. Schon sitzt Ihr in 1.500 Metern Höhe bei einer zünftigen Brotzeit und lasst Euren Blick über das phantastische Bergpanorama gleiten. Und dann hebt Euer Glas und trinkt auf den ehemaligen Direktor des »Instituts für Leibesübungen« der Uni Münster, der 1957 die geniale Idee hatte, die Hütte zu pachten. Und falls Euer Studium gerade nicht so rund läuft und es mit dem Bachelor nix wird, könnt Ihr hier immer noch ein Jodeldiplom machen.

(Erschienen 2008)

Anmerkung:

Immer auf die Studis, wie fies! Tja, es stimmt schon: Nur Chuck Norris schafft den Bachelor-Abschluss in Regelstudienzeit. Aber das schöne Klischee »Guten Tag liebe Hörer; guten Morgen liebe Studenten – hier ist das Mittagsmagazin ...« (Der Spruch stammt angeblich vom ehemaligen WDR-Moderator Dieter Thoma) ist einfach zu schön und ehrlich gesagt, für uns faule Schreiber auch viel zu bequem, um sich endgültig davon zu verabschieden. Entschuldigt bitte diese nostalgische Sentimentalität.

Studis auf Zeitreise: Dies ist keine Slade-Revivalband, sondern der AStA in der 70ern ...

# MÜNSTERANER UND IHRE BERUFE

## 'N Picasso? Harhar!

## Der Ganovenschreck: Münsters Museumsdirektor Markus Müller entlarvt Kunstfälscher.

Picasso ist in der allgemeinen Wahrnehmung DER Inbegriff moderner Kunst. Auch wenn Picasso längst ein Klassiker ist – hört Otto Normal »moderne Kunst«, denkt er an Picasso. Als die Münsteraner nach dem Krieg ein neues Stadttheater bekamen, das ihrem alten Theater im Romberger Adelshof überhaupt nicht mehr ähnlich sah, sondern für Westfalen ein bisschen arg futuristisch (heute würde man sagen: spacig) wirkte, sagten sie: »Das neue Theater ist ja total picasso!« Der Mythos Picasso wird durch die Vorstellung befeuert, dass man in der modernen Kunst ein Vermögen »mit Männekes malen« verdient: »Dat kann ich auch!« Das bringt viele Köpfe auf eine scheinbar lukrative Idee ... und bald darauf wird wieder irgendeinem Kunsthändler ein »echter« Picasso angeboten: eine gaaanz seltene Originalzeichnung, die plötzlich unter abenteuerlichen Umständen aufgetaucht ist und von der sich der Eigentümer, der natürlich anonym bleiben will – ähemdiskretionsieverstehen – wegen Geldnot schweren Herzens für den einmaligen Schnäppchenpreis von nur ein paar Milliönchen Euro trennt. Jetzt zeigt Münster, dass hier doch was von Picasso verstanden wird:

Markus Müller wird als Direktor des münsterschen Picasso-Museums von der Kripo als Experte für Picasso-Fälschungen um Rat gefragt!

Nebenbei: Münster besitzt das einzige »reine« Picasso-Museum Deutschlands. Aus der Sammlung von über 1.300 Werken werden ständig neue Ausstellungen zusammengestellt, so dass man nach dem ersten Besuch längst nicht alles gesehen hat. Trotzdem ist Markus Müller kein Picasso-Fan. Er sagt: Wenn ich abends nach Hause komme, kann ich keinen Picasso mehr sehen. Aber er ist ein Kenner. Und das beschert ihm viele Anfragen. »Ich bekomme fast täglich Anrufe nach dem immer gleichen Muster: Oma hat ein Gemälde hinterlassen, das sie angeblich in ihrer Jugend von Picasso selbst gekauft hat. Die Erbengemeinschaft reißt sich mit Klauen und Zähnen um das Bild. Der Marktwert eines echten Picasso-Gemäldes beginnt bei etwa 2,5 Mio. Euro – wenn Picasso einen schlechten Tag hatte und das Bild nicht so toll ist. Wenn er einen guten Tag hatte, gibt es nach oben keine Grenze. Leider muss ich den Hinterbliebenen in den meisten Fällen einen Strich durch den Traum vom Millionenerbe machen!«

Manchmal ist die Expertise für Müller ein Kinderspiel: »Auf einem vorgeblichen Picasso-Gemälde waren tatsächlich westfälische Fachwerkhäuser zu sehen. Das ist schlichter Nonsens ...« Aber die meisten Fälscher sind natürlich etwas kompetenter. Es gibt zwei Möglichkeiten, einen Picasso zu produzieren:
*Methode 1*: Man sucht sich ein Bild aus, dessen Verbleib möglichst im Dunkel liegt. Ideal sind solche, die sich in unbekanntem Privatbesitz befinden. Dieses

versucht man möglichst 1:1 zu kopieren. Aber Obacht: Dabei muss man auch auf kleinste Kleinigkeiten achten, sonst fällt man äußerst dumm auf.
*Methode 2*: Man nutzt die Tatsache aus, dass das Werkverzeichnis von Picasso lückenhaft ist, weil Picasso wie wild drauflos produzierte – und mit der Inventur kaum hinterher kam. Also imitiert man ein Bild im Stil von Picasso und fälscht nur seine Signatur. Das macht's für den Beurteiler noch schwieriger. Aber auch hier bitte Vorsicht: Nicht jeder ist so genial wie Hitler-Tagebuch-Schreiber Kujau.

Doch ein Fälscher muss nicht nur ein fähiger Zeichner, Maler und Drucker sein. Um für ein gefälschtes Bild hohe Summen zu kassieren, braucht man eine professionelle Peripherie:
*1. Das richtige Material.* Leinwand, Farben etc. müssen authentisch sein. Bei Werken alter Meister wie Rembrandt ist das fast unmöglich. Renaissance-Fälscher benutzen manchmal die leeren Umschlagseiten antiker Bibeln als Zeichenpapier. Die Werkstoffe Picassos sind dagegen mit einiger Mühe bei den Nachfahren seiner Lieferanten noch aufzutreiben.
*2. Referenzen und Kontakte.* Müller sagt: »Wenn ein Bild angeblich aus russischem anonymen Privatbesitz stammt und von einem fliegenden Händler angeboten wird, brauche ich gar nicht erst hingucken. Wenn dagegen die Familie Picassos ein Bild anbietet, ist es über jeden Zweifel erhaben.« Also dürfte es hilfreich sein, mit guten Empfehlungen seriöser Händler winken zu können. Müller: »Es passiert, dass bei Auktionen falsche Stücke ohne Prüfung durchgewunken werden, weil sie von als seriös bekannten Anbietern angeliefert werden.«

Nicht jeder Fälscher hat soviel Glück ... Müller kennt alle Tricks. Eine Kopie flog auf, obwohl der Fälscher die Vorlage als Dia an die Wand projizierte und penibel abzeichnete. Verhängnis: Auf dem Diarahmen saß eine Fluse, die der gewissenhafte Fälscher mitkopierte. Müller lacht: »Seltsamerweise hatte die Dame auf dem Bild eine Falte mehr am Bauch als auf dem Original ... haha!«
Ein weiterer Fälscher scheiterte an seinem Geiz: »Es kam ein Blatt aus einer Serie von Druckgraphiken auf den Markt. Es trug die Nr. 275 von 350. Der Mann hätte sich das Werkverzeichnis Picassos anschaffen sollen – darin steht, dass diese Serie nur eine Auflage von 250 hatte.« In noch einem Fall hatte die Legende zum Bild entscheidende Mängel: »Eine Dame behauptete steif und fest, Picasso habe ihr das Bild vor 30 Jahren in Spanien selbst verkauft. Abgesehen davon, dass er schon ab 1934 nicht mehr in Spanien lebte, war er vor 30 Jahren bereits tot!« Müller erklärt: »Der Markt ist mit Fälschungen gesättigt. Da muss man sich schon was wirklich Originelles einfallen lassen. Zum Beispiel: Picasso schenkt einem Kommunisten im spanischen Bürgerkrieg ein Bild, dieser wandert später nach Kuba aus. Dann stirbt er und die spanischen Erben finden in seiner Kiste mit Kriegserinnerungen das Bild, und deshalb kommt es jetzt auf den europäischen Markt. DAS ist eine gute Legende!«

Die Marktsättigung ist für die Fälscherszene ein Problem, das viel Ausdauer erfordert. »Manche versuchen es mit einer Kopie sechs-, sieben-, achtmal; jahrelang bei immer verschiedenen Galerien. Bei Geld setzt der Verstand einfach aus. Sie glauben nicht, was sich zum Teil abspielt!«, schildert Müller: »Ein geschiedenes

Ehepaar liefert sich einen Rosenkrieg, und nun beschuldigt die Frau ihren Exmann, das Picassobild aus dem gemeinsamen Besitz gefälscht zu haben! Er muss nun das Gegenteil beweisen.« Tja, Pech. Doch neben Strafverfolgung und Haft droht Fälschern noch übleres Unheil! Müller: »Picasso ist der interessanteste und vielfältigste Künstler des XX. Jahrhunderts – aber auch der gefährlichste! Wenn man sich ausschließlich mit ihm beschäftigt, dann zieht er einen in den Strudel seiner Obsessionen. Man fängt an, die Welt so zu sehen und zu denken wie er. Deshalb muss man sich von Zeit zu Zeit wieder von ihm entfernen – sonst bekommt man einen Tunnelblick; man sieht irgendwann kubistisch – oder noch schlimmer: surrealistisch!« Um Himmels Willen!!! Früher sagte man dazu LSD-Trip.

(Erschienen 2007)

Anmerkung:

Dr. Müller ist inzwischen Prof. Seitdem sagt er stets ganz bescheiden: »Ach, lassen Sie doch den Doktor weg ...« Und er landet einen Coup nach dem anderen: Sein Picassomuseum ist ein Publikumsmagnet und finanziell rentabel. Und er könnte noch für weitere Überraschungen gut sein, seit er von einer millionenschweren Privatsammlerin aus Bremen etliche Dauerleihgaben anvertraut bekam. Bekommt Müller ein neues Museum am alten Lindenhof? Bei der nächsten Auflage dieses Buches wird Münster sicher mehr wissen.

# Der Chef vom Ballermann.

## Zu Besuch bei Münsters »Nackte Friseusen«-Stimmungssänger Mickie Krause.

»Wo man singt, da lass dich ruhig nieder; böse Menschen haben keine Lieder ...«. Böse Menschen vielleicht nicht, aber Dumme gewiss! Zum Beispiel: »Zehn nackte Friseusen« oder »Zeig doch mal die Möpse«. Wer kommt auf so einen Scheiß, fragt man sich, wenn man die Schenkelklopf-Titel der Ballermann-Schar hört. Wer munitioniert die germanischen Kampftrinker-Legionen an der Stimmungsfront zwischen Mallorca und Europas größter Kegelparty mit ihren Mitgröhlgranaten?
Der derzeit – neben Altmaske Jürgen Drews – erfolgreichste Party-Entertainer ist Mickie Krause. Entlang der Playa de Palma, im *Rio Palace* oder im gefürchteten *Oberbayern*, geht seit zwei Saisons ohne Krause nichts mehr. Ultimo besuchte den gebürtigen Münsteraner in einer schmucken Einfamilienhaus-Siedlung vor den Toren der Stadt.

Krause heisst eigentlich Engels. Er kann mir nicht gleich die Hand geben, weil er noch das Bad fertig wischen muss. »Meine Frau hat mich verdonnert«, lacht er entschuldigend. Dann geht's ins gepflegt-gemütliche Wohnzimmer. Krause stellt Kaffee und Pralinen auf den Tisch – und fängt an zu erzählen.

Mit 15 die erste Rockband mit Kumpels aus dem Dorf. »Ich war immer dominant. Ich habe gesagt, soundso machen wir das! Basta! Die anderen fanden das natürlich ätzend. Aber ich wollte professionell und erfolgreich sein und die anderen wollten Feierabendmusik machen. Das passte einfach nicht. Da hab' ich mir gesagt: Ich zieh' das alleine durch!« Aber von nix kommt nix. Also nutzte er jede Gelegenheit, an seiner Performance zu arbeiten. »Ob Schützenfest, Zeltparty, Misswahl, Discotheken ... ich habe alles gemacht!«

Als unbekannte westfälische Stimmungskanone »Alfons Schwarzenengels« durch Landdiscos tingeln, was andere umbringt oder in den Alkoholismus treibt, hat Mickie hart gemacht: »Bei diesen Jobs mußt du absolut schmerzfrei sein! Wenn man sich selbst als »Künstler« betrachtet, kann man das nicht durchstehen. Aber ohne diese eisenharte Schule hätte ich's nicht geschafft. Wenn du in solchen Schuppen die Leute rumkriegen kannst, kannst du es überall!«

Dann half das Glück weiter. Durch seinen Kölner Musiklehrer lernte Mickie den RTL-Comedian Atze Schröder kennen. »Das war eine große Szene – Pastewka, Markus Maria Profitlich und all diese Typen, die traf man dauernd irgendwo.« Bald fand Mickie seine eigene Domäne: »Durch den Erfolg des Schlagerrevivals habe ich gesehen, dass der Stimmungssektor bedient werden will. Mit Atze zusammen zog ich als *Hardies Pop Show* wieder durch die Discos.«

Anfang 1998 wollte Mickie höher hinaus und machte sich selbstständig. Bereits im März bekam er einen Plattenvertrag beim *DanceStreet*-Label in Dortmund – mit einer Coverversion von Costa Cordalis: Aaaanitaa!

Zu dieser Zeit setzte Mickie zur Landung auf der Ballermann-Insel an. Nachdem er etlichen DJs seine Tapes zugesteckt und bei Discobesitzern gebettelt hatte, ließ man ihn im *Rio Palace* singen. »Die haben einen großen Saal und eine kleine Area. Die wird unter den Schlagerstars nur ›das Sterbezimmer‹ genannt, weil hier die ganzen alten, abgehalfterten Säcke auftreten, wie die Lords oder Christian Anders. Da kam ich mit ›Zehn nackte Friseusen‹ und die Insel tobte! Am nächsten Abend musste ich auf die große Bühne.«
Doch der Karrierestart ging in die Brüche, der Vertrag wurde nach zwei Jahren wieder aufgelöst. Glück im Unglück: Gerade wieder auf der Straße, bot Mickie die ›nackten Friseusen‹ der EMI an ... und die Bosse zückten sofort die Kugelschreiber!
Dass clevere Marketingheinis eines Verwertungskonzerns seit Helge & Guildo auf diese Songs abfahren, ist nicht erstaunlich. Aber wie steht Krause selbst zum Phänomen Ballermann? Ist er ein abgebrühter Zyniker? »Ich bin nicht zynisch! Wenn ich nicht dazu stehen würde, was ich auf Mallorca mit den Leuten mache, könnte ich mich gar nicht selbst motivieren. Und man sollte die Leute nicht unterschätzen – die haben einen sehr genauen Instinkt dafür, ob sie verarscht werden. Wenn die merken würden, ich verarsche die, würde die Stimmung nicht funktionieren. Man sieht das an Jürgen Drews; wenn der nicht in Form ist, merkt man ihm an, dass ihm die Leute scheißegal sind. Andererseits: Wenn er von der Euphorie, die ihm entgegenschlägt, selbst erfasst wird, geht er auch nach zwei Stunden noch nicht von der Bühne, obwohl er laut Vertrag nur 30 Minuten Show machen müsste. Und der Mann ist Mitte 50!«
Wie alt bist du, frage ich? »27«, lügt Mickie professionell, obwohl in seinem Albuminfo offiziell 30 steht.

Abgesehen von dem verehrten Seniorpartner Drews hat Krause von der massenhaften Konkurrenz, die mit weniger kommerziellem Erfolg durch die Clubs zigeunert, keine hohe Meinung: »Diese ganzen Discofox-Tingelsänger, die für 800 Mark auftreten, sind ein Haufen Idioten! Die sind völlig blöde, unbedeutend und abgehalftert, kriegen nichts nach vorne und machen sich gegenseitig noch fertig. Die sind total erfolglos, machen aber den dicken Hermann, von wegen ›Ich brauch' jetzt meinen Ruheraum‹ und solche Schoten. Im Sommer ist Mallorca leider voll von diesen Schwachköpfen.«

Mickies neuer Coup heißt übrigens »Geh doch zu Hause, du alte Scheiße!« Niveau ist eben am Ballermann so nötig wie ein Pelzmantel in der Sauna. Das wissen auch die EMI-Bosse: »Die haben das Demo von dem Song auf einer Weihnachtsfeier gespielt. Die Chefs haben dann den ganzen Abend den Refrain mitgegröhlt. Spät nachts riefen sie mich an: ›Mmmicki! Wir ... hicks ... machen das Ding!‹« Wer wollte nicht mal sprichwörtlich mit Scheiße Geld verdienen ...
Dass Mickie auch in der diesjährigen Saison an der Playa de Palma wieder zum Tambourmajor unzähliger besoffener, gerade geschlechtsreifer Männchen werden wird, ist mit der Single-VÖ am 28. Mai beschlossen.
Dabei ist Mickie genau genommen nicht der alleinige Urheber des Titels: »Wir saßen in Gelsenkirchen in einer Eckkneipe. An der Theke ein besoffener Oppa und daneben seine Frau. Die zog an ihm herum und wollte ihn wegzerren. Er blieb wortlos sitzen. Nach über zehn Minuten sagt er plötzlich ›Geh doch zu Hause, du alte Scheiße!‹ Als ich das hörte, wusste ich: Das wird ein Riesenhit!« Zuhause dichtete Mickie noch zwei Stro-

phen dazu, schob einen fetten Beat plus eine fetzige Gitarre darunter – fertig! Trotzdem sagt Mickie mit fast beleidigtem Ehrgeiz: »Wenn ich die Leute höre: ›Das kann doch jeder‹ – bitte, dann sollen die mir mal so einen Hit schreiben. In diesem Jahr haben etliche Kollegen überhaupt kein Songprodukt, weil sie eben keine Ideen hatten – so sieht's aus!«

»Mit dem Song hab' ich natürlich einen Spruch geschaffen, den man im Sommer überall hören wird, nicht nur in Mallorca«, ist sich der von Selbstzweifeln völlig freie Schwiegersohn-Typ mit den großen, hellblauen Strahleaugen sicher. Und mit etwas Glück nicht nur im Sommer: Stimmungsschlager sind wiederverwertbar! Im Winter tourt »Mr. Möpse« durch die berüchtigten Après-Ski-Discos von Niederösterreich.
Was Mickie übrigens wirklich sauer macht, sind miserable Produktionen oder mangelhaftes Gesangstalent: »Dass Zlatko und Mooshammer beim Grand Prix waren, fand ich unverschämt! Die können doch nichts! Und viele Stücke auf den Mallorca-Party-CDs sind einfach klangtechnisch total schlecht!« Jaja: »Ich bin ein Asi mit Niwoh«, sang der olle Rocker Zeltinger einst.
Übrigens: Chronischen Ernstnehmern, die in Mickie Krause einen Untergangsboten der abendländischen Kultur sehen wollen, kann man nur entgegenhalten, dass sein Oeuvre damit hoffnungslos überbewertet wäre. Die Nonsensschlager der 70er (etwa von Frank Zander) waren auch nicht niveauvoller. Nur das Medienecho schallte angemessen der Bedeutung wesentlich leiser.

(Erschienen 2001)

Anmerkung:

Ich war erschüttert, wie spießig es beim Friseusen-Dompteur Mickie Krause zuhause aussah: Gutbürgerliches Reihenhaus mit Polstersofa-Glastisch-Medienschrank-Einrichtung vom Möbeldiscounter. Ich hatte ehrlich gesagt mehr Rock'n'Roll erwartet. Den lieferte Krause dann aber in Form einer von jedem Staubkorn eines Selbstzweifels blanken Arroganz gegenüber seinen Mitbewerbern. Das war so grotesk, dass es schon wieder sympathisch war. Phänomenal, wie er es schafft, als netter Nachbar von nebenan, schlauer Medienprofi und Party-Proll gleichermaßen authentisch zu sein.

# Die Altbierköchin.

## Zu Besuch bei Münsters Braumeisterin Barbara Müller.

Das Thema Bier geht uns alle an, denn laut Statistik ist es unser Lieblingsgetränk. Trotz gelegentlicher Einbrüche durch kurzlebige Modegetränke ist die Wasser-Hopfen-Malz-Hefe-Mixtur unangefochten in aller Munde und Blutspiegel. Münster war einst als Standort der Germania-Brauerei berüchtigt, die mit der schrecklichen Plempe ›Pils 2000‹ in den 70ern futuristisch modern sein wollte. Seit Jahren aber geht der Trend bei Lebensmitteln zurück zu Vollwertprodukten und traditionellen Herstellungsverfahren. Ein Vorreiter dieser Ökowelle war die münstersche Brauerei Pinkus Müller am Rosenplatz. Heute würde man ein »Bio Bier«-Etikett für eine marketingstrategische Produktdiversifikation halten, doch im Hause Pinkus kehrte man bereits zu überlieferten Braumethoden und reinen Inhaltsstoffen zurück, als Vollwertverbraucher noch als »Körnerfresser« beschimpft wurden. Während das Bier vom Rosenplatz in Münster noch eher als Genießertipp gilt, ist es in den alternativen Kiez-Kneipen von Hamburg und Berlin übrigens seit Jahren ein echter Verkaufsschlager. Ökos und Autonome danken es der Familie Müller offensichtlich sehr, dass umweltpolitisches Engagement mit Pinkus-Bier auch noch Spaß macht. Ende Mai stellt sich die Brauerei Pinkus Müller gemeinsam mit der Slow Food-Initiative Münster im Rahmen der münsterschen Umwelttage vor. Für Ultimo war das der Anlaß, den westfälisch-originellen Traditionsbetrieb mal zu durchleuchten. Wir schickten unseren trinkfestesten Reporter auf Recherche.

Pinkus Müller ist die letzte von etwa 150 münsterschen »Altbierküchen« und seit 1816 in Betrieb. Vor hundert Jahren wurde ihr heutiger Namensgeber, das Original Carl »Pinkus« Müller geboren. Der Name Pinkus ist eigentlich ein sportlicher Titel: Nach dem Genuss von sechs Litern Altbier mußte der jugendliche Carl Müller mitten auf der Promenade dringend pinkeln. Mit zwei Zechkumpanen erklomm man mühsam ein kleines Gartenmäuerchen und versuchte im Wettstreit mit dem Urinstrahl eine Gaslaterne auszupieseln. Carl Müller gewann – und durfte sich seitdem »Pinkulus Müller« nennen. Der phonetisch zu Pinkus verkürzte Titel ist heute noch der offizielle Name des ehrwürdigen Hauses. Dort treffe ich Barbara Müller, Juniorchefin und Braumeisterin. Die ökologisch engagierte Pinkus-Enkelin erklärt, dass der Bio-Bier-Trend keineswegs erst mit ihr in das Unternehmen eingezogen ist. 1980 fragte ausgerechnet ein Kunde aus den für seine Turbo-Wassertomaten bekannten Niederlanden, ob man nicht mal mit Bio-Rohstoffen experimentieren wolle – und bot seine Erzeugnisse aus ökologischem Landbau an. Chef Hans Müller war zunächst skeptisch, ließ sich aber zu einem Test überreden. Vom Ergebnis war man spontan begeistert: Schon beim Brauvorgang im Sudhaus erkannte man, dass die reinen Rohstoffe viel bessere Eigenschaften bei der Verarbeitung zeigten, als konventionelle, chemisch gedüngte Zutaten. Nach dem vielversprechenden Brauprozess war man auf den Geschmack gespannt. Hans Müller strahlte: »Wie damals bei mir in der Lehre.« Alle waren sich einig: nur noch Ökobier! Müller musste dem Zeitgeist entsprechend viel Spott und Kritik von Kollegen und Kunden einstecken, ließ sich aber immer wieder von Geschmack und Bekömmlichkeit der Brauergebnisse überzeugen.

Mit der Begeisterung des Meisters für sein Biobier wuchs allerdings auch das Problem der Beschaffung von Öko-Zutaten. In den frühen 80ern rannte Müller sich in ganz Deutschland »die Hacken ab« auf der Suche nach organisch angebauten Grundstoffen. Besonders beim Hopfen, der in Süddeutschland in großen Monokulturen wächst, ist die Auswahl unter chemiedünger- und pflanzengiftfreien Sorten besonders begrenzt. Mitunter wurden den Münsteranern von zweifelhaften Getreidedealern pestizidbelastete Rohstoffe als »biologisch« angedreht. Deshalb schloss sich die Brauerei 1987 schon frühzeitig dem Bioland-Verband an. Die Erzeugergemeinschaft versorgt Pinkus seitdem zuverlässig mit kontrolliert gesunden Zutaten. 1991 wurden schließlich – erstmalig in Deutschland – bei Pinkus alle Inhaltsstoffe auf »Öko« umgestellt. Bundesweit verarbeiten heute etwa 20 Brauereien kontrolliert biologische Zutaten, die meisten davon in Bayern, wie etwa die berühmte Klosterbrauerei Andechs. Pinkus ging sogar noch weiter und schaffte die Alufolie am Flaschenhals und die PVC-haltigen Kronkorken ab. Auch die Filteranlage arbeitet, im Gegensatz zu den großen Brauereibetrieben, ohne Chemiekalieneinsatz.

Geschäftlich erwies sich der Umstieg nachhaltig als richtige Entscheidung. Durch die zunehmende Konzentration traditionsreicher Brauereien zu industriellen Bierkonzernen können kleine Regionalunternehmen nur noch in geschäftlichen Nischen bestehen – und müssen auf ausgefallene Spezialitäten und höchste Qualität setzen. Barbara Müller ist sich sicher, dass der durstige Kunde diesen Unterschied schmeckt: »In Großbrauereien, wo das meiste Geld in teure Werbekampagnen gesteckt wird, will man immer billiger, schneller und mehr produzieren. Das macht sich natürlich in der Güte negativ bemerkbar. Beispiel: Bei uns reift das Bier in Ruhe drei Monate, in den großen Industrieanlagen hat es nur noch sechs Tage Zeit.« Das will ich mir selbst mal ansehen. Wir brechen zu einem Besichtigungsrundgang durch die verwinkelten Gänge und Gewölbe des Brauhauses auf. Nach Sudkesseln, Tanks und Fässern lerne ich das »Gespenst« der Brauerei kennen: Den riesigen, 20 Jahre alten (!) Brauhefepilz, der in einem großen Kühlraum unheimlich vor sich hin wabert und mit liebevoller Zuwendung gepflegt wird. Diesen Aufwand sparen sich die Riesenbrauereien – Industriehefe hält nur einen Brauprozess durch. Das weitere Verfahren wird dort mit Hitze und Druck extrem beschleunigt, während das Pinkus-Bier noch lange im tiefen Keller ruht. Moment, woher kommt denn das Brauwasser? Das steigt aus zwei unterirdischen Quellen unter dem Rosenplatz herauf.

Das Resultat der aufwendigen Bemühungen schmeckt nicht nur deutschen Biertrinkern. Seit 1975 ist das Bier vom Buddenturm in den USA als Pinkus Homebrew beliebt. Neuerdings prostet der alte Herr in fast ganz Europa und in Japan vom Flaschentikett. Warum führen die sieben Pinkus-Biersorten dann in Münster ein Mauerblümchendasein in den Regalen von diversen Bioläden? Barbara Müller weiß, dass viele Kneipenpächter durch Knebelverträge an Großbrauereien gebunden sind. Die tiefe Krise der Gastronomie, die schon seit einigen Jahren anhält, hat nur noch wenige unabhängige Wirte überleben lassen, die zapfen dürfen, was sie wollen. Und der Familienbetrieb kann es sich trotz steigender Umsatzzahlen noch lange nicht leisten, Gaststättenpächtern für einen Exklusivausschank die Innenausstattung und Reklame zu finanzieren. Trotzdem hat Barbara Müller ganz offensichtlich viel Spaß an ihrem Beruf. Sie sagt: »Wenn ich nicht aus einer Brauereifamilie kommen würde, hätte ich gerne Maschinenbau studiert, so was liegt mir. Und wenn ich gewusst hätte, wie ich in der Ausbildung behandelt würde, hätte ich mich auch nicht dafür entschieden. Im Braumeister-Studium im bayerischen Weihenstephan waren vier Frauen und 100 Männer (die statistische Geschlechterquote ist 1:100). Wir wurden da von allen Seiten blöd schikaniert!« Die Mitarbeiter im elterlichen Betrieb haben mit der Juniorchefin hingegen keine Schwierigkeiten: »Man wird so akzeptiert, wie man arbeitet.« Müssen Sie beruflich sehr viel Bier trinken? Müller jr. lacht: »Ein Braumeister, der kein Bier mag, ist wie ein dürrer Koch.« Als ich während des Gespräches ein Alster bestelle, ziehe ich mir ihren strafenden Blick zu: »Da gibt man sich soviel Mühe, und dann ... ts.«

Ich hoffe sehr, dass Barbara Müller mir das Alster inzwischen verziehen hat. Immerhin bin ich selbst ein großer Fan ihrer Produkte ...

Mehr Pinkus-Bier als augenblicklich wird es übrigens auch in absehbarer Zeit nicht geben. Frau Müller erklärt als zukünftige Inhaberin, der derzeitige Ausstoß von 20.000 Hektolitern pro Jahr sei für die räumlich beengte Infrastruktur des Hauses ein Kapazitätsrahmen, den man nicht sprengen werde. Die Juniorchefin will lieber den Unternehmensumfang klein halten und größte Qualität produzieren, als umgekehrt. Und die drückende Konkurrenz der Konzerne? Als Antwort hängt im Hof ein großer Holzschnitt mit dem Porträt des Ritters Götz von Berlichingen.

(Erschienen 2004)

Anmerkung:

Die Privatführung durch die Kellergewölbe der Pinkus-Brauerei war ein beeindruckendes Erlebnis, vor allem die Begegnung mit dem Hefepilz-Gespenst. Sehr gefreut hat mich auch das ausführliche Dankschreiben der Braumeisterin für den Bericht. So was bekommt man ja als Autor nicht jeden Tag. Darum bin ich bis heute ein Fan der Erzeugnisse vom Rosenplatz, vor allem des hellen Altbiers. Bei späterer Gelegenheit fiel es mir deshalb auch nicht schwer, im Streit der Kreuzstraßen-Gastronomen mit dem Ordnungsamt Partei für die Kneipen zu ergreifen, aber das ist wieder eine andere Geschichte ... Eines hat sich bis heute übrigens gebessert: Man bekommt Pinkus zwar immer noch in viel zu wenigen Kneipen, aber immerhin auch im Super- oder Getränkemarkt, statt nur im Ökoladen.

# Stinkbomben gegen Hilde.

## Krawall, Katholikensturm & schöne Kinos: Zu Besuch bei Münsters Kino-Veteran Albert Mazzotti.

»Gott sprach ›Es werde Licht‹ – nur in zwei Orten blieb es finster: Paderborn und Münster.«
Dieser alte Witz ist in vielerlei Hinsicht wahr. In einer Beziehung stimmt er nicht: Münster ist die Stadt der Kinos. Das Schloßtheater hat als Schauplatz des Filmfestivals längst überregionale Bedeutung gewonnen und das Cinema wurde im vergangenen Jahr für sein Engagement bei der Programmgestaltung offiziell mit dem Titel »Bestes Kino Deutschlands« belohnt, wofür es im Sommer sogar die Verleihung des Bundesfilmpreises in Münster ausrichten darf. Aber war das wirklich immer so? Wie haben Münsters Erzkatholiken, die so schwarz sind, dass beim Niesen Ruß rauskommt, auf weltliche Kulturschocks wie Hildegard Knefs legendäre Nacktsequenz als »Die Sünderin« reagiert? Wir fragten einen, der's wissen muss: Der Münsteraner Bildhauer Albert Mazzotti jr. war von den späten 50ern bis Ende der 80er Geschäftsführer von Schauburg und Apollo-Theater.

Das große selbstgemeißelte Sandstein-Wappen über dem Eingang zum Haus der Mazzotti-Familie im Schatten des Buddenturms zeigt ein Eichhörnchen, auf einen Wanderstab gestützt. »Mühsam ernährt sich das Eichhörnchen«, erklärt unser bislang ältester Interviewpartner die heraldische Bedeutung Und schon geht's los mit bunten Schilderungen aus der Zeit, als die Welt noch schwarzweiß war: »Ich stieg Ende der 50er Jahre ins Kinogeschäft ein. Da waren wir in Münster noch drei Konkurrenten, heute macht ja alles der Herr Esch. Wir haben uns natürlich im Wettbewerb beharkt. Damals lief das alles noch anders: Da fuhr ich jede Woche nach Düsseldorf. Auf der Graf-Adolf-Straße hatten alle Filmverleiher ihre Büros. Ist heute alles weg. Aber da traf man sich, verhandelte, machte Verträge und freute sich, wenn man die guten Filme bekommen hatte. Heute legen die Verleiher fest: du kriegst dies, du kriegst das. Klingt ja mächtig spannend. »Ja, das war es auch. Und dann die Filmpremieren: Da kamen die großen Stars – und nach der Premierenfeier kamen die zu uns nach Hause. Da wo wir jetzt sitzen, hat Gerd Fröbe seine Beine ausgestreckt. Und Maria Schell, Hildegard Knef ...« Die Knef? Wie war es denn nun in Münster, als die textilfreie Hilde als »Sünderin« die junge Bundesrepublik schockte? »Das werde ich nie vergessen! Der Film lief im Apollo-Theater. Die erste Nacktszene im deutschen Film. Als wir den Film zeigten, ließen Fanatiker weiße Mäuse und Stinkbomben im Kino los! Ich kann ihnen sagen! Die versammelten Kirchenvertreter vom Generalvikariat kamen gelaufen und bedrängten mich, den Film abzusetzen.«

Und die Sexwelle der 60er? Die Kolle-Aufklärungsfilme? Gab's da auch Krawall im Katholikenheim? »Nein ... da hatte der Skandal um die Knef schon revolutionierend gewirkt. Aber wissen Sie was: ›Alle Jahre wieder‹

– sozusagen der erste deutsche Road-Movie – wurde in den Sechzigern auch teilweise bei uns zuhause gedreht!« Ach was? »Ja! Kennen Sie die Szene mit dem Gänsebraten? Die wurde hier gebraten und alle saßen hier an diesem Tisch! (Klopft auf die Tischplatte). Das war eine aufregende, pulsierende Zeit«, schwärmt der Methusalem sehnsüchtig und ich bin beeindruckt ... Mazzottis bevorzugte Zielgruppe waren die in Münster zahlreichen Studenten. Ihnen bot er in der Schauburg eine besondere Zerstreuung: »Wir hatten eine Reihe, die hieß ›Action-Auslese‹. Da zeigten wir ›Vier Fäuste für ein Hallelujah‹, ›Spiel mir das Lied vom Tod‹ undsoweiter. Das war donnerstagsabends rappelvoll. Vierzehntausend Zuschauer in der ersten Woche war nix. Das kriegen sie heute kaum noch hin. Ich hatte, wenn ich so sagen darf, das Gespür dafür, die Studenten anzusprechen, erwähnt der alte Herr etwas aus der Puste, aber mit sichtlichem Stolz.

Nachdem Mazzotti trotz Dauerkleinkrieg mit Münsters Don Camillos wegen sittengefährdender Schundfilme wie »Der letzte Tango von Paris« seine Kinos erfolgreich durch die strengen Zeiten geschifft hatte, kam plötzlich Gegenwind von anderer Seite: In den Anfängen der friedensbewegten Zeit gab es plötzlich Leute, denen das Konzept von Mazzottis »Action-Auslese« schwer gegen den pazifistischen Strich ging. »Dann zeigten wir ›Rambo‹. Ein Theater! Da wurde demonstriert! Sogar mit Rauchbomben! Einmal war unsere ganze Fassade mit Parolen bemalt!« Tatsache – die »Mahnwachen« bestürzter Lehrer und Ostermarschierer sorgten damals für allerlei Aufsehen – und machten natürlich unter den Kids erst recht Reklame für Stallone.

Lehrer und Gutmenschen demonstrierten in den 1980ern gegen die Kinopremiere von Rambo in der Schauburg (später Kino Stadt New York) an der Salzstraße und überklebten die Kinoplakate.

»Als wir den betont antireligiösen Film ... wie hieß der noch ... ist schon so lange her ... wie hieß der denn noch (zu seiner Frau) ... zeigten, sagte mir ein Professor: Sie kommen nicht in den Himmel! Ich sag: Wenn Sie da reinkommen, will ich gar nicht hin! Da habe ich nur drüber gelacht! Harhar!«

Der alte Mann kriegt beim Erzählen Glanz in den Augen. »Und dann die Bundesfilmbälle in West-Berlin und München. Das war ein anderer Glanz als heutzutage ... heute kommt da ja Hinz und Kunz rein ... die Originalität ist weg ... tempi passati.« Mazzotti schaut mich an, ob ich verstehe. »Sie haben ja sicher studiert ...« Nö, aber mal Latein gehabt. Tempi passati ...

Die Zeiten von Mazzottis Kino sind in der Tat vorbei, doch die Filmindustrie hat sich mit der Materialschlacht der Multiplexkinos selbst überheizt. Die ersten Cineplexe und -maxxe stehen schon als Investitionsruinen leer, die Ernüchterung über die Bilanzen hat Katerstimmung unter den Großkino-Goldgräbern verbreitet. Die erwarteten astronomischen Gewinne sind in ebenso astronomische Ferne gerückt, was sich inzwischen auch in den Kreditabteilungen der Banken herumgesprochen hat. Die riesigen Leinwanddome können ihren Zuschauerverbrauch nur mit risiko- und anspruchsloser Massenware aus Hollywood befeuern. »Echte« Kinos, wie Mazzotti sie betrieb und liebte, besetzen also im heutigen Markt nur noch eine enge Marktnische. Oder? »Ich glaube, die Innenstadtkinos haben immer noch eine Berechtigung und eine Chance. Denken Sie an Schloßtheater oder Cinema. Und die Großkinos haben es auch nicht leicht. Und wir haben in Münster viele, viele Studenten. Davon profitieren die Nischenkinos sehr. Deren Bedeutung nimmt wieder zu – zumindest hier. Neben der großen Massenware, die das Geld bringt, bleiben immer noch genügend Filme übrig, die ein anderes Publikum sehen will. Früher konnte jeder Kinobetreiber seinem Programm eine eigene Handschrift geben. Heute wird der Geschmack gewissermaßen vorgeschrieben. Das ist wie ein Kaufhaus neben einem persönlichen, kleinen Laden. Gucken Sie sich den Prinzipalmarkt an, dann wissen Sie, was ich meine ... Wenn ich nicht fast 80 wäre, hätte ich da vielleicht noch was zu sagen gehabt ...« Jaja: tempi passati ...

(Erschienen 2002)

Anmerkung:

Natürlich stimmt der Spruch zum Einstieg heute so nicht mehr ... aber hier geht's ja ums Kino. Dem alten Herrn Mazzotti fiel das Interview aufgrund seines Alters und Gesundheitszustandes sehr schwer. Trotzdem packte ihn in manchen Momenten eine Begeisterung, zum Beispiel wenn er sich an die goldene Zeit seiner »Action-Auslese« erinnerte. Mazzotti erzählte auch, dass Kleriker das Apollo-Kino damals über Nacht zugemauert haben, um die Aufführung des Knef-Skandalfilms zu verhindern. Heute kommt einem das lustig vor, weil man sich nicht vorstellen kann, dass religiöse Fanatiker so aggressiv gegen Nackte auf der Leinwand werden könnten. Was stimmt ...?

# Mit Dom-Klingelton.

## Furzende Frösche, brennende Herzen & Münsters Glockengeläut: Zu Besuch bei den verrückten Handyringtonelogo-Pixlern.

An der Geschichte des Handys lässt sich der typische Lebensweg eines Industrieproduktes ablesen: Vom teuren, aber uniformen Statussymbol zum billigen Jedermann-Artikel und schließlich zum Ausdruck persönlicher Individualität verschiedenster Nutzertypen – vom Lidl-Handy bis zum klunkerbesetzten Protz-Accessoir.

So ungefähr während des Übergangs zur Massenware haben sich kluge Köpfe darüber Gedanken gemacht, wie sich mit Handys auch dann noch viel Geld verdienen lässt, wenn der Neukundenmarkt gesättigt ist. Die Lösung war schnell gefunden und die Marketingfritzen nannten sie »Mehrwertdienste«. Damit sich Handybesitzer Otto Normal ganz individuell von der gesichtslosen Masse der übrigen Handybesitzer abheben kann, stellen ihm die Serviceanbieter eine unendliche Menge von Display-Logos, animierten Bildschirmschonern und Klingeltönen zur Verfügung – natürlich gegen Bares.

Sehr beliebt haben sich die Anbieter damit vor allem bei Jugendlichen gemacht: In Deutschland werden monatlich drei Milliarden (!!) SMS verschickt; ein erheblicher Teil davon sind so genannte »Premium-SMS«, also Kurzbefehle zum Bestellen von »Mehrwertdiensten«. Kosten pro SMS: bis zu 1,99 Euro und darüber ...

Unbeliebt haben sich die Anbieter dagegen bei Verbraucherschützern gemacht. Zum Beispiel bei Prof. Dr. Thomas Hoeren von der Uni Münster. Der Rechtswissenschaftler ist Experte für Informations-, Telekommunikations- und Medienrecht. Hoeren findet das Angebot an Handyklingeltönen und Displaylogos gegen Bezahl-SMS oft »problematisch« – Juristen drücken sich halt vorsichtig aus. Doch er kann auch deutlicher werden: »Insbesondere Jamba operierte teilweise hochgradig illegal. Mal fehlten Erklärungen zum Kündigungs- und Widerrufsrecht, mal genaue Angaben der Kosten. Fernsehzuschauer hatten bei Jamba-Spots keine Chance, die Bedingungen und Preise wahrzunehmen.« Nachdem MTV und VIVA angekündigt hatten, keine Jamba-Spots mehr zu senden, hat der Anbieter seine Werbung jetzt modifiziert und kommt ganz kumpelmäßig daher (»Ey, voll fair und echt keine Abzocke ...«).
Wer sich trotzdem abgezockt fühlt, dem rät Prof. Hoeren momentan noch, sich an einen Verbraucherschutzverband zu wenden, weil diese bislang fachlich kompetenter sind als die Juristen, die das Problem jahrelang verpennt haben. In ein bis zwei Jahren sollen die ersten ausgebildeten Fachanwälte für Telekommunikationsrecht dann Mandanten vertreten. Bis dahin rollen noch viele Euros in die Taschen der Anbieter.

Keine andere Branche hat übrigens so früh wie die Mobilfunkindustrie das Potenzial des »Ethno-Marketing« erkannt und vor allem junge Türken mit Halbmond-Handylogos und Klingeltönen aus den Charts von Radio Bosporus erfreut. Wir wollten aber nicht nur wissen, wer sich die ganzen furzenden Frösche etc. aufs Handy saugt, sondern wer das alles eigentlich zusammenpixelt.

Yasar Islim ist ein Urgestein im Handylogo-Job. Von Anfang an, seit 2000, als Jamba noch ein Start-Up war, bastelt Islim in Photoshop flammende Herzen mit rankenden Rosen. »Als ich anfing, waren das noch primitive Schwarzweißbilder für die alten Nokia-Handys«, lacht er. Damals im Schützengraben. Das Wichtigste in seinem Job ist das Gespür, die Witterung für die Wünsche der Kundschaft. Islim hat Erfahrung: »Klar gibt es Vorgaben. Aber ich weiß, was läuft. Deshalb lässt man mich in Ruhe machen.« Fast die Hälfte der Zielgruppe 16 bis 28 Jahre bevorzugt vor allem Herzen in allen Variationen. »Süßes Zeug, Liebe und so. Und niedliche Tiere.«

Momentan dominiert natürlich die Fußball-WM das Geschäft. Der neue Happy-Patriotismus findet auch auf dem Handy statt: »Wir sind mit einem Riesenangebot von fast 400 Farblogos an den Start gegangen. Ich bin selbst überrascht, wie gut die Bilder laufen! Die Deutschlandflagge ist mit Abstand Top 1!«

Die Top-Charts der meistverkauften Motive zu stürmen, macht Islim heute noch stolz: »Ich habe mal einen kleinen Hund mit einem Herzchen entworfen – der war drei Monate Top 1!«

Jedes Motiv wird von der hauseigenen Rechtsabteilung juristisch geprüft. Von den Top-Verkäufen der unbeweglichen Logos werden animierte Bildschirmschoner generiert.

Viele Bilderwünsche werden von den zahllosen Vertragspartnern der Contentvermarkter vorgegeben, insbesondere von der Filmindustrie zum Start von Streifen wie »Ice Age«. Islim pixelt aber am liebsten kreativ frei vor sich hin: »Die Idee ist das Wichtigste. Manchmal habe ich verrückte Gedanken in meinem Kopf, weißt du, und dann kommt was dabei raus. Manchmal entstehen die Bilder auch einfach beim Drauflosmalen.« Produktionsstress hat er dabei nicht: »Meine Arbeit ist kreativ! Das geht nicht im Akkord – da brauchst du Gefüüühl, verstehst du?!« Wer sollte das verstehen, wenn nicht Ultimo-Redakteure ...

Die Vermarktung von Klingeltönen ist heute fester Bestandteil der Wertschöpfung von Musikstücken. Seit die Albumverkäufe dramatisch einstürzen, rechnen die Plattenfirmen mit jedem Cent durch den Verkauf von Songs als Handysounds.
Das kann auch daneben gehen: Die Toten Hosen wollten vor Gericht von Jamba eine volle Million (!) Euro erstreiten, weil nur viertausend Fans der Opa-Punks »Sehnsucht in dir« als Handyklingelton haben wollten. Argument der Hosen: Jamba habe zu wenig Werbespots senden lassen. Campino & Co. zogen die Klage allerdings vor Prozessbeginn zurück.
Eigentlich wollten wir an dieser Stelle über die Erfahrungen von Münsteraner Musikern mit dem Klingelton-Kommerz berichten. Doch hier scheint man den mobilen Mehrwertdiensten nicht recht zu trauen. Selbst die H-Blockx sind skeptisch. Gitarrist Tinte meint: »Unsere Plattenfirma wollte unbedingt »Leave Me Alone« als Klingelton vermarkten. Wir haben da eher leicht amüsiert mit dem Kopf geschüttelt. Unsere Fans sind nicht das Publikum, das sich Klingeltöne zieht. Die Nachfrage war dann auch eher verschwindend ...«

Doch nicht alle Münsteraner sehen das so. Beim Bischöflichen Generalvikariat kann man sich ein Angebot per Handy durchaus vorstellen. Warum auch nicht, wo es unter www.vatikan.va schon längst ein Tool zur Online-Beichte gibt? Kirchenlieder als Klingelton? Generalvikariatsmitarbeiter Markus Lewe klärt uns auf: »Das gibt es schon. Sogar Glockengeläut können Sie sich als Klingelton herunterladen.« Allerdings (noch) nicht vom Server des Bistums Münster. Hier muss laut Lewe der Medienbereich noch modernisiert werden. Wir hätten da schon mal einen Vorschlag mit hoher Zielgruppenaffinität: »Hardrock Hallelujah!«

Ob Markus Lewe sein Klingelton-Projekt je verwirklicht hat, wissen wir nicht. Vermutlich fehlt ihm heute die Zeit dazu. Obwohl ...

(Erschienen 2006)

Anmerkung:

Haben Sie den Namen erkannt? Der Medien-Mitarbeiter des Bischofs ist heute unser Oberbürgermeister und beschäftigt sich nicht mehr mit Kirchen-Klingeltönen. (Oder? Wer weiß.) Dieses war das erste Gespräch mit Lewe, dem später ein mehrstündiges Interview folgte. Die Bitte um eine Einladung konterte er mit der Bemerkung: »SIE wollen hierhin (ins Generalvikariat) kommen?! Soviel Weihwasser können wir gar nicht verspritzen!«

# Herz, Schmerz & Krone.

## Happy End ist Pflicht: Zu Besuch bei Münsters Heftchen-Autorin Marlene Eschkötter.

Auf dem westfälischen Gut Grünental im Münsterland ist dicke Luft: Die Tochter des Freiherrn von Velden, die im Bioladen des Gutshofes arbeitet, ist in den Sohn einer Angestellten verknallt. Die Veldens lehnen diese Beziehung schärfstens als nicht standesgemäße Verbindung ab: »Es gibt immer noch Standesunterschiede! Arm und reich, das passt nicht zusammen!« Währenddessen verführt der Sohn der Familie die Sekretärin des Vaters: »In ihrem grünen Hausanzug aus Nicky-Samt erwartete sie ihren Geliebten ... Sie tupfte sich Parfüm hinter die Ohrläppchen ... ›Wie wäre es mit einem Schluck Schampus?‹, fragte sie unter heißen Küssen. ›Ich will keinen Drink, ich will dich!‹, raunte er, und trug sie ins Schlafzimmer ... Sie knabberte an seinem Ohrläppchen und flüsterte: ›Wäre es nicht schön, wenn wir immer zusammen sein könnten?‹ ›Wie meinst du das?!‹, fragte er alarmiert ... ›Wir könnten doch heiraten‹, platzte sie heraus. ›Das schlag dir aus dem Kopf ... Jetzt wird es auch höchste Zeit für mich; ich komme zu spät zum Abendessen!‹ ... Sie warf sich über ihr Bett und brach in Tränen aus ...« Aus Rache dopt sie das Pferd der Rivalin Sophie Siewert, was

prompt zu einem Reitunfall führt. Währenddessen stellt sich heraus, warum von Velden wirklich gegen die Heirat seiner Tochter mit dem schönen Tierarzt ist: Die beiden sind aufgrund eines unehelichen Fehltrittes Halbgeschwister! Doch zum Glück nimmt die ganze Geschichte doch noch ein gutes Ende.
Ob das stimmt? Natürlich nicht. Aber: Wir haben uns das nicht ausgedacht. So steht's im *Silvia-Roman* des Bastei-Verlages. Der Verlag aus Bergisch-Gladbach freut sich im Umschlagtext über den neuen Silvia-Band der Reihe »Romane um die Macht der Liebe«: »›Was nennst du Liebe, Casanova?‹ – so, liebe Leser, heißt der neue mitreißende Roman, den unsere beliebte Autorin Bianca-Maria für Sie geschrieben hat.« Bianca-Maria heißt eigentlich Marlene Eschkötter. Wir haben die Expertin für Herz, Schmerz und Schmalz am Kappenberger Damm besucht.

Gleich ans Eingemachte: Die fiktive Rivalin in Eschkötters Roman heißt mit Nachnamen ausgerechnet Siewert – genau wie der reale Münsteraner Uni-Professor, der kürzlich Lokalautor Jürgen Kehrer verklagt hat, weil er sich in Kehrers letztem Münster-Krimi unfreiwillig als Schurke dargestellt fühlte. Hat Frau Eschkötter auch schon Klagen an den Hals bekommen? »Aber ja«, lacht sie, »ich habe die Handlung für einen Herzschmerz-Roman schon mal aus dem Liebesleben von Bekannten gegriffen. Die waren ziemlich sauer ... haben sich aber auch wieder beruhigt.« Wie kommt man eigentlich dazu, als freiberufliche Schriftstellerin *Silvia-Romane* über unglücklich verliebte Gräfinnen und sonnengebräunte Adonisse mit Dr. med. zu verfassen? »Vor 30 Jahren, als ich 30 war, fiel mir auf, dass diese Lektüre in der Bibliothek am Ort stapelweise wegging.

Da habe ich mir aus Neugier auch zwei ausgeliehen – und gedacht: Das kann ich besser! Also habe ich auf einer geliehenen alten Adler-Schreibmaschine meine erste Geschichte geschrieben und an einen Verlag im Sauerland geschickt. Die riefen an und sagten, ich soll hinkommen. Nun sollte ich gleich jeden Monat einen Roman mit 240 Schreibmaschinenseiten abliefern!«

Inzwischen ist Marlene Eschkötter dick im Bussi-Business: *Frau aktuell, Das neue Blatt* und die beiden Platzhirsch-Verlage *Bastei* sowie *Kelter* haben bisher über 400 ihrer Rosenkavalier-Stories gedruckt. Je nach Sparte wird aus Marlene Eschkötter die Krimi-Autorin »Susan Grant«, die Liebesautorin »Bianca-Maria« oder »Anne de Groot«. Nach drei Jahren fallen die Veröffentlichungsrechte an die Autorin zurück; so können die Romane noch bei anderen Verlagen zweitverwertet werden. Ihre Geschichten werden sogar ins Holländische, Italienische, Tschechische und Ungarische übersetzt! (Auf Tschechisch wird aus Bianca-Maria übrigens »Grantowa« ...)

Ihre Agentin bestellt regelmäßig neuen Lesestoff, den Eschkötter prompt liefert. Immer schön an den vermeintlichen Wünschen der Leserschaft entlang. Der *Kelter-Verlag* formuliert seine Corporate Identity in einem Weihnachtsbrief an seine Autorinnen ganz deutlich: »Wir treten für eine saubere, heile, geordnete Welt ein, liefern Orientierungspunkte ... als Gegenmodell zum Chaos in einer von Weltuntergangsszenarien geprägten Zeit.« Trotzdem: Die Zeiten haben sich geändert; die Romane auch. Heute verzeiht das Lesepublikum auch mal eine Ehe ohne Trauschein oder eine Scheidung. Allerdings: Zu modern darf es auch nicht werden. Und: »Das Happy End ist Pflicht!« Liebe, ja bitte – doch vor die Triebe wird vom Lektorat des Verlages der Vorhang der Diskretion gezogen: »Bei erotischen Szenen darf der Akt nicht beschrieben werden, nur so in Andeutungen. Dabei schreibe ich gerne erotische Szenen«, zwinkert Eschkötter. »Ich habe auch schon mal Erotikbände verfasst: *Jasmin-Romane.* Die Reihe ist aber wieder eingestellt worden ...«

Wie variiert man das ewig gleiche Thema (sie verlieben sich – sie kämpfen gegen Schwierigkeiten – sie kriegen sich) eigentlich jeden Monat neu? Sie schaut mich scheel an: »Na, jede Liebe ist doch immer wieder neu! Sie haben sich doch wohl auch schon mehr als einmal verliebt, oder?« Schachmatt. Recherchiert die bürgerliche Münsteranerin eigentlich ihre Sujets in der durchlauchten Welt des Hochadels? »Nö. Ich sehe manchmal Schlösser im Fernsehen. Das reicht. Sind ja auch nur Menschen, haha.« Trotzdem sind einige Schauplätze real: »Gut Grünental ist das Schloss bei Tecklenburg. Das kenne ich, weil ich da als Kind mit meinen Eltern immer spazieren gehen musste – furchtbar! Und der Hofladen verkauft natürlich Bio-Produkte, weil ich selbst Vegetarierin bin. Die Namen suche ich mir aus Geburtsanzeigen aus der Zeitung, wegen der Aktualität. Ihre Lieblings-Romanserie ist übrigens leider eingestellt worden: »Das war Landarzt Dr. Fabian. Hab' ich sehr gerne geschrieben. Da konnte man alles unterbringen: Mord und Totschlag, Antihelden. Die einzige Bedingung des Verlags war: Seine Ehe musste immer glücklich sein.« Liebt Frau Eschkötter Antihelden? »Jaaa, klar. Die bösen Rivalinnen, die Biester, die sind viel interessanter als die langweiligen, treuen Hauptdarstellerinnen. Die Intrigantinnen sind doch viel spannender. Die Böse ist immer mein Liebling.«

Was liest Eschkötter eigentlich selbst so? Etwa Fürsten-Romane? »Och nö, ich brauch' sowas nicht. Früher hab' ich Tolstoi und Dostojewski gelesen, heute aktuelle Bestseller. Aber manche Leute sind ganz verrückt nach meinen Liebesromanen – die gucken im Fernsehen aber bestimmt auch Rosamunde Pilcher! Wissen Sie, warum diese Hefte in Krankenhäusern so gerne gelesen werden? Die sind leichter zu halten, als ein schweres Buch – eben ›leicht‹ in jeder Hinsicht.« Weil ich natürlich Vorurteile gegen ältere Mitmenschen im Zusammenhang mit moderner Kommunikationstechnologie habe, erwarte ich eine andere Antwort auf die Frage, ob Frau Eschkötter ihre Liebesgeschichten immer noch auf ihrer alten Adler klappert: »Ich hab' den schnellsten Rechner, der auf dem Markt ist, aber der Verlag will immer noch Papiermanuskripte per Post geschickt haben! Unglaublich, oder? Dabei könnte ich das doch viel besser mailen. Ich chatte übrigens gerne, ist mein Hobby. Das ist ganz lustig. Manchmal bis morgens früh. Ist ja günstig, ich habe ja ... äh, wie heißt das ... Flatrate.«

Marlene Eschkötter hat übrigens nicht vor, ewig »Bianca-Maria« zu sein: »Ich will irgendwann gerne mal was anderes schreiben. Kinderbücher zum Beispiel.« Ich blättere durch die Hefte auf Frau Eschkötters Wohnzimmertisch. Da fällt mir auf: Die Küchenangestellte von Gut Grünental heißt genauso wie meine Tochter! »Ups, ehrlich? Tut mir leid!«, prustet unsere Autorin. Ich sag': »Keine Angst, ich werd' Sie nicht verklagen; Sie sind ja nicht Jürgen Kehrer.«

(Erschienen 2003)

Anmerkung:

Marlene Eschkötter ist wirklich eine ganz reizende Dame. Leider gab es später etwas Stress mit ihr: Ich hatte einige Stellen aus ihren Erotikheftchen zitiert und mir nichts dabei gedacht. Sie bestand jedoch darauf, dass die Passagen unbedingt gelöscht werden müssten, weil ihr der Verlag sonst die Hölle heiß machen würde. Die Stellen, die ich ausgesucht hatte, seien außerdem »harte Pornographie«. Da half auch der Einwand nicht, dass die »pornographischen« Texte ja schließlich aus ihren eigenen Werken stammten, die in diesem Verlag veröffentlicht wurden. Nix zu machen. Versteh' einer die Frauen! Ohne die pikanten Auszüge ist der Artikel natürlich nicht so lustig.

# Urne 2.0.

## Digitaler Leichenkult: Zu Besuch bei Münsters »McDonald's der Bestatter-Szene«.

Bei den Hamburger Rappern *Fischmob* heißt es: »Morgens ess' ich Cornflakes und abends ess' ich Brot und wenn ich lang genug gelebt hab', dann sterb' ich und bin tot.« Das geht schon immer so. Und um den Verlust von Verwandten nervlich zu bewältigen und nebenbei ihre Materie vor dem Zerfallsprozess hygienisch zu beseitigen, haben wir schon früh Rituale erfunden, die sich je nach Kulturkreis unterscheiden. Bis jetzt taugten die herkömmlichen Rituale ganz gut und selbst mit der bürokratischen Friedhofsverordnung konnten die meisten Toten gut leben (Vorsicht: Kalauer). Doch die moderne Mediengesellschaft erfordert neue Bestattungskulte – und die sind digital!

Dr. Christiane Aka vom Institut für Volkskunde an der Uni Münster untersucht seit langem neue Trauerformen. Sie stellte fest, dass es z. B. immer mehr Unfallkreuze am Straßenrand gibt, obwohl die Zahl der Verkehrstoten kontinuierlich sinkt. An der Trauttmansdorffstraße weist so ein Holzkreuz bereits öffentlich auf eine Internetseite mit privaten Bildern des Verkehrsopfers hin! Dr. Aka meint: »Nach langer Zeit ideologischer Ablehnung von Religion gibt es jetzt eine Gegenbewegung; die neue Suche nach dem Sinn. Und das bei gleichzeitiger Individualisierung – statt des einzigen Glaubens hat jeder sein privates Patchwork-Evangelium.« Aus dem Selbstbedienungsregal packt sich jeder in seinen Warenkorb, was ihm gefällt: Ein bisschen Jesus, etwas Buddha, vielleicht noch was mit Indianern oder Außerirdischen und Ufos und zum Schluss etwas Esoterik. Jeder ist seine eigene Sekte!

Erleuchtete Hinterbliebene hatten schon immer den Wunsch, ihren Verstorbenen ein »unsterbliches« Andenken zu hinterlassen. Manche meißelten ganze Pyramiden deswegen.

Heute soll es vor allem »individuell« sein. Darum kennt das Kunsthandwerk bei der Gestaltung persönlicher Grabmale keine Grenzen – nicht mal die des guten Geschmacks: Im südenglischen Southampton können Interessierte durch einen »pay per view«-Onlinedienst im Internet an Begräbnissen teilnehmen. Anbieter ist das örtliche Krematorium, das gebrechlichen oder weit entfernt wohnenden Verwandten damit die Möglichkeit geben will, wenigstens am Bildschirm Abschied nehmen zu können. Empörte Stimmen, die das pietätlos finden, weist der Erfinder beleidigt zurück: »Wir sind doch kein Fernsehsender, der ein Fußballspiel überträgt!« Immerhin werden Benutzername und Passwort für Zuschauer nur von den Familienangehörigen vergeben. Kerstin Gernig, Sprecherin des Bundesverbandes deutscher Bestatter stellt trotzdem klar: »Wir sprechen uns ausdrücklich gegen eine solche Vorgehensweise aus! Man muss sich fragen, ist dieser Online-Dienst noch mit den ethischen Werten des christlichen Glaubens vereinbar? Da von den Angehörigen eine Gebühr verlangt wird (immerhin fast hundert Euro, Anm.), können die Betreiber eine kommerzielle Absicht ja wohl nicht abstreiten.«

Keine Probleme mit dem Bestatterverband hat dagegen Carsten Glaser aus Greven. Der Tischler sagt von sich selbst mit Humor: »Ich bin der McDonald's der Bestatterszene.« Und das kam so: Durch einen Trauerfall in der eigenen Familie kam der Handwerker vor Jahren auf die Idee, für den Verstorbenen selbst ein Grabmal aus Holz zu bauen. Das Lob der Verwandtschaft für seinen Entwurf motivierte ihn zu dem Entschluss, künftig selbstständig »in Grabmale zu machen«. Seitdem ging's steil bergauf. Glaser entwickelte ein Verfahren, um die Oberflächen seiner Holzplatten bis zu 25 Jahre witterungsbeständig zu machen. Bisher ist er der einzige Anbieter, der diese Qualität hierzulande liefern kann. Gefertigt wird in seiner Werkstatt in Greven – den Vertrieb übernehmen andere: Bundesweit stellen Bestatter Glasers Grabmale als Franchise-Partner auf. Glaser lacht: »Wenn ich bei einer Wirtschaftsinitiative mit Vertretern von Ketten wie *Obi* etc. bei einem Stammtisch für Franchisegeber sitze, fällt den anderen natürlich immer der Kitt aus der Brille, wenn ich erzähle, dass ich ein Franchisekonzept für Bestattungen erfunden habe ...«

Glasers Franchisenehmer können ihre Kunden bald mit einem neuen Produkt überraschen: dem »Digi-Zerk«. Das ist ein Grabmal mit integriertem Flachbildschirm, auf dem sich etwa Videos von Omas letztem Geburtstag hochladen und anschauen lassen. Erfunden hat das Gerät ein holländischer Ingenieur (daher der Name: Grabstein heißt auf holländisch

»Grafzerk«); Glaser ist Alleinvertreter für Deutschland. Der Bildschirm widersteht Hitze und Kälte, bildet kein Kondenswasser, funktioniert auch bei hellem Tageslicht und ist vandalismussicher. Das hat seinen Preis: Rund fünftausend Euro müssen Angehörige für das digitale Gedenken hinlegen. Plus Grabmal und Bestattungsgebühr, versteht sich. Die Stromversorgung läuft über einen Akku, der an einem seitlichen Schlitz eingesteckt wird. Das Hochladen der Inhalte funktioniert über eine Speicherkarte. Demnächst sollen Bilder, Filme oder Text auch per SMS eingestellt werden können.

Die Digitalisierung lässt der Kreativität freien Lauf:
Wer erfindet das coolste Bestattungs-App
für das Death-Phone?

Noch rennen die Kunden Glaser nicht gerade die Werkstatt ein – aber immerhin schon die Presse. Seit einem Bericht in der Bildzeitung kommen begeisterte Reporter und Fernsehteams am laufenden Band nach

Greven und wollen das Digigrab sehen. Eher skeptisch war dagegen die Friedhofsverwaltung von Lauheide ... In unserem Föderalismus hat jedes Bundesland sein eigenes Bestattungsgesetz. Zusätzlich regelt jeder einzelne Friedhof in seiner Friedhofsordnung die Vorgaben für die Grabgestaltung. Und der Waldfriedhof Lauheide gilt als besonders streng. Doch nachdem Glaser seinen Prototyp zur Demonstration aufgestellt hatte, nickten die durch Presseberichte alarmierten Friedhofsverwalter freundlich. Für Glaser kein Wunder: Der Grabmal-Player spielt keine Audiodateien und schaltet sich nachts automatisch ab. Außerdem verschwindet der Bildschirm bei Bedarf diskret hinter einer schmucken Holzverblendung. Es gibt aber vielleicht noch einen Grund für die unverhoffte Zustimmung der konservativen Friedhofsverwalter: Der Wirtschaftsliberalismus ist nun auch auf dem Friedhof angekommen (aber leider nicht, um begraben zu werden ...). Durch Kostendruck bei der Friedhofsunterhaltung stehen Kommunen und Kirchengemeinden untereinander im Wettbewerb. Friedhofsbetreiber engagieren Werbeagenturen, um in Hochglanzprospekten für »Kunden« zu werben. Glaser hat erkannt: »Das ist eine Chance für die Friedhöfe, ihr Angebot im Wettbewerb attraktiver zu machen. Denn um wieder Leute zu binden, müssen sie Alternativen bieten.« Wenn sich das digitale Grab durchsetzt, entsteht daraus vielleicht ja auch eine ganz neue »Community« im Web 2.0. Dann könnt Ihr schon mal Trauerfreunde auf MyGrave.com »adden«.

(Erschienen 2008)

Anmerkung:

Grüne werden ja kompostiert, heißt es. Für alle, die lieber traditionell bestattet werden wollen, ist das Digitalgrabmal eine zeitgemäße Alternative. Allerdings empfehle ich, erst mal abzuwarten. Bei allen technischen Innovationen ist es doch so, dass die ersten Geräte noch teuer und anfällig sind. Das Digi-Grab 2.0 ist vermutlich schon preiswerter und kommt mit mehr attraktiven Features und Applikationen daher. Zum Beispiel integrierte und bluetoothgesteuerte Selbstschussanlage für Karnickel, die Grabschmuck anknabbern.

# MÜNSTERANER UND IHRE HOBBYS

# Elvis heilt auch Dich!

## Reverend Schulz, der größte Elvis-Fan Münsters.

Wie es zu dieser schrägen Reportage kam? Reiner Zufall. Ein kurzer Veranstaltungshinweis aus dem Terminkorb machte mich auf den Mann aufmerksam: Anlässlich des 20. Todestages von Elvis Presley gibt es am 14.8. in der ›Leeze‹ eine Hommage an den King mit Reverend Gerhard. Dahinter verbirgt sich Gerhard Schulz, der in Münster Theologie studierte, die Kirche verließ und nunmehr als freiberuflicher Seelsorger arbeitet. Reverend Gerhard ist seit 20 Jahren dem Rock'n'Roll und insbesondere Elvis verbunden, den er auch als Mensch bewundert. Eine Portion Seelsorge kann ich als Ultimo-Mitarbeiter immer gut gebrauchen – und wenn das Gemüt noch mit Rock'n'Roll balsamiert wird, wirkt die Therapie bestimmt doppelt gut. Daher begebe ich mich nach Nienberge zu Reverend Schulz. An der Tür seines kleinen, aber schmucken Reihenhauses verspricht ein Schild: Seelsorge und Lebensberatung.

Bevor mein Finger die Klingel berührt, öffnet sich die Tür und Elvis und der Reverend begrüßen mich herzlich. Während Elvis in seinem Rahmen an der Wand hängen bleibt, führt mich Schulz ins Wohnzimmer. Statt Graceland-Prunk herrscht deutsche Gemütlichkeit. Im heimeligen Ambiente aus theologischen Büchern und Elvis-Artikeln erzählt der Reverend seine Geschichte.

Im 2. Jahrhundert vor Christus nannte
sich Elvis noch »Acroterion«.

Der heute 36-Jährige wuchs in Oldenburg auf und sang bereits im zarten Kindesalter begeistert Volks- und Seemannslieder. Später schwärmte er für Udo Jürgens. Als 12-Jähriger wird er auf Elvis Presley aufmerksam und ist elektrisiert. Das »Austoben von Lebensfreude« und die ungebändigte erotische Ausstrahlung der »Hüfte« fesseln den Teenie Gerhard. Mit 16 spielt er bei den *Tennessee Comets* – leider nicht mit vergleichbarem Erfolg wie der King. Durchglüht von der idealistischen Überzeugung, dringend als Seelsorger benötigt zu werden, kommt er 1981 nach Münster. Hier studiert er evangelische Theologie, um Pfarrer zu werden. Schnell gerät er allerdings mit der Kirche in Konflikt.

»Angewidert« von der intoleranten, dogmatischen und stark an materiellen Werten interessierten Himmelsvertretung kehrt Schulz der Kirche Luthers den Rücken. Er beschließt, ohne Priesteramt für Seelenheil zu sorgen und bietet seit 1989 seinen privaten Seelsorge-Service an. Aus dem Stadtgebiet Münsters sowie der Umgebung, gar aus Osnabrück und Dortmund kommen verzweifelte Schäfchen, um sich von Reverend Schulz ambulant Aufmerksamkeit, Trost und Hilfe spenden zu lassen. Drogensüchtige, Alkoholiker und »chronisch Arbeitslose« betreut der hauptberufliche Helfer. Auch Kranke, die bei Medizinern nicht das verdiente ernsthafte Interesse finden, erfahren in Münster-Nienberge aufrichtige Anteilnahme. »In den meisten Fällen natürlich unentgeltlich«, unterstreicht Schulz den seriösen Charakter seines sozialen Engagements. Schwierig wird es nur dann, wenn die Klienten »Wunder erwarten«. Die könne er natürlich auch nicht bewerkstelligen, schließlich sei er kein Guru.

Genau das warfen ihm dagegen Verfasser anonymer Drohbriefe vor, die ihn mit drastischen Drohungen aufforderten, die private Seelsorge unverzüglich einzustellen. Der Reverend vermutet die Urheber der Schreiben im Kreis ehemaliger Kommilitonen: »Für die war ich schon immer der totale Spinner«, erinnert er sich und faltet sich eine Zigarette auf dem Knie. Sein offensichtlich von Herzen aufrichtiges Anliegen sozialer Fürsorge teilt er nach seinen Worten auch mit seinem musikalischen Idol Elvis Presley. Mit Staunen erfahre ich mir bislang völlig unbekannte Seiten des Wirkens Presleys: »Wenn da so 'n Armer am Wegesrand stand und der Elvis kam vorbei und sah das, stieg er aus seinem Auto und hat's ihm geschenkt.« Ich bin beeindruckt vom caritativen Charakter des King und wage keinen zweifelnden Einspruch – schließlich ist Schulz Experte. Der King ist neben einer Vielzahl von Haustieren Familienmitglied bei Schulzes. In der Wohnzimmer-Schrankwand stehen Kaffeetassen mit den Namen der Eheleute und der Kinder. Dazwischen eine Tasse mit dem fröhlichen Lächeln des King. Der ausgeprägte Familiensinn Presleys sei dokumentiert, da Elvis sogar einmal die ungenießbare Lasagne seiner Schwiegermutter aß, weiß der Reverend zu berichten ... Der Familiensinn der Schulzes ist ebenfalls intakt. Die Kinder des Seelsorgers haben scheinbar kein übergroßes Interesse an der wilden Rebellion des Rock'n'Roll. »Denen reicht es wahrscheinlich, wenn ihnen der Vater exemplarisch die Verrückheiten dieser Musikwelt vorlebt«, vermutet Schulz. Ich stimme lebhaft zu.

Der Lebensberater richtet seine Worte nicht nur an Bedürftige aus dem unmittelbaren Umfeld, sondern auch an die Leser seiner Bücher und Fibeln. Fünf Titel hat Schulz bereits bei Frieling & Partner, Berlin sowie im Eigenverlag veröffentlicht. Neben zwei Kinderbüchern und einer bitteren Abrechnung mit der Kirche enthält *A Letter To Lisa* noch mehr erstaunliches über den King. In einem Brief an die Tochter von Priscilla Presley (»Die Schlange!«) preist Schulz das großartige Wesen des Sängers und »das Licht, das von ihm ausging.« Das Ableben Presleys erfuhr der junge Gerhard als »kolossalen Schock«. Für Lisa Presley schreibt er: »Ich bekam einen Weinkrampf und war 14 Tage nicht ansprechbar. Ach Elvis! Ich fand ihn auch als dicken Mann toll.« Ein folgender, radikaler Rundumschlag gegen Michael Jackson und Scientology macht Schulz wirklich sympathisch, bevor aus Elvis plötzlich wieder

Jesus wird. In einem selbstverfassten »Bühnenstück in sechs Akten« mit leicht anzüglichem Inhalt um Groupies und Backstage-Szenen widersteht der King den fleischlichen Lüsten und liest stattdessen den leichtbekleideten Girls aus der Bibel:
Henry: Och Elvis, jetzt bitte keine Bibelstunde!
Elvis: Schweig, Elender!
Der Zurechtgewiesene senkt seinen Blick.
Sabrina: Oh ja Elvis, bitte lies uns was vor!
Elvis: Da kamen Weise aus dem Morgenland und fragten: »Hey, wo ist euer neugeborener König?« Da bekam der Arsch Herodes natürlich einen Riesenschreck. Und scheißfreundlich fragte er die Weisen, wann der Stern erschienen wäre. Die Morgenländer zogen wieder los ...

»Ich singe den Elvis nun schon seit 21 Jahren«, sagt Schulz, und ich versuche mich zu erinnern, woran der King eigentlich gestorben ist. »Ich nehme aber auch selbst Kassetten mit eigenen Stücken auf. Früher habe ich versucht, Kontakte zu Münsteraner Bands zu knüpfen, aber die Zusammenarbeit scheiterte an meiner musikalischen Kompromisslosigkeit.« Die soll ich nun kennenlernen! »Kann ich mal eine hören?«, frage ich leichtsinnig. Elvis Schulz läßt sich nicht lumpen und drückt die Starttaste. Die Rhythmussektion der Heimorgel setzt ein, und Schulz drischt virtuos auf die Tasten. Ich bin verlegen. Der Gesang setzt ein und ich versuche angestrengt, an von Rasierklingen zerschnittene Augäpfel zu denken, denn ich möchte den engagierten Protestsänger nicht durch unangebrachte Heiterkeit brüskieren. Helge Schneider spielt zwar besser Klavier, doch als Texter ist Schulz dem Mülheimer haushoch überlegen: *Wir sind alle Kinder Gottes, denkt daran,*

*liebt doch die anderen Menschen und auch mich, den schwarzen Mann. Die Wilden da vorne, mit ihren teuren Schuh'n, bekommen einen Schreck, grad' eben wollten sie ihm noch was tun, doch jetzt gehen einige weg. Die anderen helfen ihm auf und nehmen ihn in den Arm, die Liebe nimmt nun ihren Lauf und die Welt wird wieder warm. Danke Elvis.* (!!)
Ich denke krampfhaft an noch mehr Augäpfel. Als eine flotte Countrynummer mit einem Text über »Bremsspuren in der Hose« folgt, kann ich nicht mehr. »Sie glauben gar nicht«, kommt Schulz auf seine fruchtlosen Kontakte zu diversen Bands zurück, »wie viel Nerven ich schon in Proberäumen gelassen habe.« Ich versuche mir vorzustellen, was die anderen Musiker wohl lassen mussten. Elvis Schulz berichtet zudem: »Ich habe das Material auch schon Plattenfirmen angeboten.« Ich habe keine weiteren Fragen. Zum 20. Todestag des King interpretiert Reverend G. Schulz nun am 14.8. in der Leeze die größten Erfolge Presleys. Zu diesem Zweck sucht er noch Mitmusiker. Nur Mut, anschließende Seelsorge ist gewährleistet!

(Erschienen 1997)

Anmerkung:

Ui, ui, Elvis Gerhard war natürlich ziemlich sauer nach diesem Artikel. Es war ja auch ein bisschen schovel, ihn so zu vereimern. Andererseits lehnte er sich aber auch ziemlich weit aus dem Fenster mit seiner ... ähem, ziemlich gewagten Interpretation, darum dachten wir, dass er das einfach haben können muss. Übrigens bringt der schräge Reverend aus Nienberge-Tennessee seine Show noch heute gelegentlich live auf die Bühne – zur Begeisterung des jungen Publikums. Ob die allerdings eher unfreiwillig ausgelöst wird ... na, seht selbst. Beachtet einfach die Terminhinweise in den Partykalendern.

# Die Helden des Prelk.

## Seltsames Münster: Nach Speckbrett und Spatentennis kommt jetzt »Diäsch«.

In einer Agrarregion wie Westfalen fällt die Kultiviertheit der Bewohner halt etwas rustikaler aus. Deshalb ist es kein Wunder, dass zum Beispiel vornehme Bridge-Clübchen aristokratischer Tanten hier äußerst selten sind. Auch der elitäre »weiße Sport« fristet nur eine unbedeutende Randexistenz. Stattdessen schlägt man den Tennisball mit dem derben *Speckbrett* – zum Gaudium des übrigen Deutschland. Hinter Nienberge, Richtung Hansell (wo vom Prinzipalmarkt aus gesehen schon die Karpaten anfangen) gibt es sogar einen *Spatentennis-Verein*! Dagegen sind sogenannte Trendsportarten wie »Downhill-Biking« oder »Rafting« bloß alberner Kindergeburtstag.

Ein weiterer münsterländer Knochenschinken-Sport stieß jetzt bis zu den Alpen auf ein Medienecho: Die Süddeutsche Zeitung und Sat.1 berichteten mit der belustigten Höflichkeit, die man harmlosen Irren entgegenbringt, über Diäsch. »Diäsch« soll nach westfälisch Platt klingen und steht für »Tisch«, denn Diäsch ist münsterländer Tischtennis. Das Besondere daran: Um den kleinen weißen Pingpongball durch die Luft zu schlagen, sind alle Körperteile erlaubt – nur kein Tischtennisschläger! Außerdem ist der »Prelk« (Ball) nicht im Aus, wenn er die Platte verlässt, sondern kann theoretisch bis Honolulu weitergespielt werden, solange er nicht auf den Boden fällt. Ist also ein Prelk, der sagenwirmal auf dem Rücken eines Hundes landet, weiter spielbar? Für Laien eine schwierige Frage! Hier muss zunächst entschieden werden, ob der Hund ein »bewegtes« oder »unbewegtes Hindernis« darstellt, das bespielt werden darf, oder ob die Partie wegen »unklarer Situation« ohne Punktwertung wiederholt wird – aber das führt an dieser Stelle zu weit. Klar geregelt ist jedenfalls, dass es nicht verboten ist (und geradezu zu einer ausgefeilten psychologischen Spieltaktik gehört), die Platte zu besteigen und den Gegner durch wildes Gebrüll einzuschüchtern.

Die Stars der Weltrangliste in Aktion an amtlich geeichten Diäsch-Platten.

Diäsch entstand Ende der 80er Jahre auf dem Schulhof des Grevener Gymnasiums. Wie das auf der Penne so ist: Es gibt zwar Tischtennisplatten, aber niemand hat einen Schläger dabei. Also behilft man sich mit Mathebüchern oder spielt mit der Hand. Die Grevener Kids entwickelten daraus einen schnellen originellen Aktivsport, bei dem (fast) alles erlaubt ist. Hauptsache Spaß! An diese Ursprünge erinnert auch die Diäsch-Regel, dass eine Partie beim Stand von 5:5 abgebrochen und neu begonnen werden muss. Die Spieler rufen bei diesem Ereignis laut »Menzel!« Hintergrund: Der Musiklehrer Herr Menzel galt am Grevener Gymnasium als unbeliebter »Fünfengeber«, und wenigstens beim Pausendiäsch wollten die Spieler von dieser Note nichts hören.

Da Münster eine ordentliche Verwaltungshauptstadt ist und zudem mal zu Preußen gehörte, ist es nur natürlich, dass die Diäscher erst mal einen umfangreichen Regelkatalog aufstellten, damit alles seine Ordnung hat. Zu diesem bizarren Paragraphenwerk gehört zum Beispiel auch, dass ein Spieler seinen Führerschein vorzeigen muss, wenn er verdächtigt wird, den Ball unerlaubt geführt zu haben – ist ja logisch: Zum Führen braucht man einen Führerschein. Dabei gilt: Je stärker der Ball scheinbar mit der Hand geführt wurde, desto höher muss die Führerscheinklasse sein. Ein LKW-Fahrer »sticht« also den PKW-Lappen ... in Westfalen gibt es für solchen Unsinn den schönen Ausdruck »Spiränzchen«. Aus den ehemaligen Schülern sind heute Studenten, aus den Pionieren des Prelkens veritable Profis geworden, die sich knallharte Turniere liefern. Das Schöne an solchen Nischensportarten (es gibt derzeit rund 40 aktive Diäscherinnen und Diäscher) ist, dass man mühelos in die »Weltrangliste« kommt und realistische Aussichten auf einen »Weltmeister«-Titel hat.

Eine »Weltmeisterschaft« kann man natürlich nicht an irgendeiner beliebigen Ecke austragen, sondern sie muss in einem würdigen Rahmen stattfinden: Dies ist die Aasee-Arena, der Platz vor der Turnhalle an der Scharnhorststraße. Vorteil: Die sechs Tischten... äh, Diäsch-Platten erfüllen die strengen Kriterien des WM-Reglements, weil sie exakt den geeichten Ur-Diäsch-Platten auf dem Schulhof des Grevener Gymnasiums entsprechen. Auch bei der WM gilt: Alle körperfremden Hilfsmittel (Mathebücher, Kleidungsstücke oder – undenkbar! – gar Tischtennisschläger) gelten als »Maschinen« und sind streng verboten! Der regelwidrige Einsatz wird nicht nur mit Punktabzug, sondern auch durch Ehrverlust bestraft: Der Schuldige wird öffentlich des »Nötighabens« angeklagt (»Er/Sie hat's nötig!«). Trotz des professionellen Coachings vom Diäsch-Bundestrainer (»Mach jetz' kein' Firlefanz mehr und weniger mitte Füße ...«) gelang es dem Titelverteidiger bei der letzten WM im September 2002 jedoch nicht, den begehrten »Stacheligen Berti« (den Pokal-Kaktus) zu erringen. Im strömenden Regen lieferte sich die Weltspitze des Diäsch – dank der Abwesenheit des Hausmeisters – ein turbulentes und bis zuletzt spannendes Turnier. Durch spektakuläre Stunts auf, vor, neben und um die Platte herum gelang es dem »Zechprelker«-Team Vogelsang-Wentrup aus Münster/Hamburg, die Konkurrenz zu »demütigen« und den Titel zu holen. Bis zur Revanche bei der nächsten Hallen-WM; da hilft den alteingeregneten Münsteranern auch der Meimel-Vorteil nicht mehr.

Jedes WM-Endspiel wird übrigens ausschließlich mit einem echten Traditions-Prelk gespielt: dem original »Schildkröt«-Markentischtennisball von 1959, den der amtierende Weltmeister Hilmar »Wonderfoot« Poganatz von seinem Großvater erbte, welcher seinerzeit beim Tischtennisverein von Schalke 04 aktiv war. »Tischtennis«, erklärt der Weltranglisten-Erste seriös, »ist ja der historische Vorläufer des modernen Diäsch.« Auch bei der Verbreitung in aller Welt holt Diäsch gegenüber seinem prähistorischen Vorläufer allmählich auf: Durch die Abwanderung von Münsteraner Studenten nach dem Examen hat das Westfalen-Pingpong bereits Fans in Berlin, Köln, Hamburg, München, in der Türkei, den USA, in Spanien, Argentinien, Bolivien und sogar – in Bielefeld! Während einer Präsentation der Hochschulsport-Gruppen in der Uni-Sporthalle am Horstmarer Landweg überraschten die Diäsch-Meister aus Münster über 800 sprachlose Zuschauer mit ihrer abgefahrenen Prelk-Artistik. Daraufhin wurde Diäsch tatsächlich im Rahmen des Hochschulsports als regulärer Kurs angeboten (Teilnahmebedingung: gültiger Führerschein ...)! Doch Achtung: Diäsch erfordert körperliche Fitness und ganzen Einsatz. Unter Punkt 6.3 der Regeln heißt es: »... es ist unerheblich, ob sich Ball und Aufschläger unter- oder oberhalb der Spielfläche befinden!« Verletzungen – vor allem der Knie und Schienbeine beim Bespringen der Platte – kommen daher besonders bei Anfängern nur allzu oft vor.

Letzte Meldung: Der *Deutsche Diäsch Verband* hat als Dachverband aller überwiegend männlichen Diäscher beschlossen, ›durch den Einsatz eines Frauenbeauftragten‹ (!) den Anteil der weiblichen Spielerinnen von derzeit 14 Sportlerinnen der Weltrangliste künftig auf eine höhere Quote zu »prelken«. Man kann nur hoffen, dass dieser Spaßsport nicht so schnell von irgendwelchen Limonadenfabrikantenarschlöchern entdeckt und kommerzialisiert wird, denn dann ist es mit dem abgefahrenen Jux vorbei und man muss sich was neues einfallen lassen. Wir wüssten da schon was – die Vorstellung vom Traktor-Polo finden wir faszinierend. Die nächsten *Diäsch*-Turniertermine sowie weitere Infos und Kontakte findet ihr unter: www.diaesch.de.

(Erschienen 2002)

Anmerkung:

Über den Diäsch-Sport habe ich seit diesem Artikel mehrfach berichtet und die Pioniere sind immer noch aktiv. 2009 fand sogar eine Diäsch-Olympiade statt: Auf dem Schulhof der Realschule im Kreuzviertel, deren Tischtennisplatten zum Glück der geeichten Norm der Ur-Diäsch-Platten entsprechen. Mangels weltweiter Teilnehmer durfte jedes Team eine Nation seiner Wahl darstellen. Unter Zuhilfenahme von viel Bier glückten sportliche Höchstleistungen. Dank der Migration Münsteraner Studis in alle Winkel der Erde könnte eines Tages doch noch eine echt internationale Olympiade stattfinden.

# Die Wunder-Wanderung.

## Schnauf! Ultimo-Chefreporter geht auf große Wallfahrt nach Telgte.

Kürzlich erhielten wir vom Leiter des Telgter Krippenmuseums die freundliche Einladung, zwecks Berichterstattung an einer Marienwallfahrt teilzunehmen. Zuerst kam uns dieser Gedanke ein wenig absurd vor, aber dann sanken wir doch in stille Andacht: Die volle Kelle geistlichen Beistand und eine kleine Portion Wundertätigkeit kann doch auch ein Chef-Reporter auf seinen Wegen gut gebrauchen. Deshalb fuhr *Ultimo* zum Weihwassertanken nach Telgte.

Um die Wirksamkeit des Rituals zu erhöhen, befragten wir zunächst eingeborene Kirchenkundige, welcher Tag am geeignetsten sei. Die Wahl fiel auf Pfingstsonntag. Die angemessene Form der Fortbewegung wäre eigentlich, auf Knien zu rutschen und harte Erbsen vor sich zu streuen. Aber wir mogeln mal ein bisschen und schwingen uns aufs Fahrrad. Start der religiösen Rallye ist der Anfang des Prozessionswegs in Mauritz.

Der Prozessionsweg: Highway To Heaven.
Nächste Mutter Chottes in ca. 12 km.

Wir sind nicht allein: Schnaufend schleppt sich eine Gruppe Senioren in biblischem Alter den Weg entlang wie eine Schar Jünger in einem Sandalenfilm. Ob der schlechte Straßenbelag extra büßerfreundlich oder nur städtische Schlamperei ist, konnten wir nicht klären. Darüber verlieren wir kurz die Orientierung und kommen vom rechten Weg ab (das ist ja der Grund des ganzen Unternehmens). Doch ein westfälisches Mütterlein, das offensichtlich dasselbe Ziel hat, kennt sich aus: »Zu die Mutter Chottes? Hier entlank und denn rrrechts ...« Am Pleistermühlenweg überholen wir einen Werseangler, der zwei Fische in seinem Eimer trägt. Ob der auch zur Mutter Chottes will und hofft, dass sie ihm seinen Fang im Kurs 2 zu 5.000 vermehrt (vgl. hl. Schrift)? Hinter der Werse kommen wir am Restaurant *Nobis Krug* vorbei. Der altdeutsche Name bedeutet übrigens Teufelskrug. Der Gehörnte führt uns auch kurz in Versuchung, die Mutter Chottes sausen und uns zu einem Bier niederzulassen. Aber schließlich siegt doch der Himmel!

Den Weg zieren pausenlos Bildstöcke, damit der Pilger auch weiß, wo's langgeht. Einer gibt ein Familienrätsel auf: »Maria, Du Tochter Gottes des Vaters, Du Mutter Gottes des Sohnes, Braut des heiligen Geistes.« Mein Gott, das sind ja Verhältnisse! Am nächsten Bildstock beginnen laut Inschrift die »schmerzhaften Stationen«. Gilt hier ein Geißelungsgebot? Zum Glück guckt gerade keiner – wir fahren schnell weiter, ohne uns selbst eine runterzuhauen.
Westfalen kennt viele interessante Beispiele für die Synthese von Christentum und Vorzeit: Ein gekreuzigter Christus an dem historischen Straßennamen »Galgenheide« ist da nicht ohne Reiz. Da fällt mir ein, dass sich die ollen westfälischen Sachsen mit ihrem Häuptling Widukind unter den Germanenstämmen bis zuletzt mit Klauen und Zähnen gegen das Christentum sträubten. Kaiser Karl ahndete dies mit einer besonders gründlichen Straf-Missionierung. So wurden die westfälischen Wotansgläubigen schließlich die besten Katholiken – bis auf den heutigen Tag.

Daaa! Da kommt die Kapelle ins Bild! Spannung! Was wird uns erwarten? Lahme, die Hosianna! jauchzend ihre Krücken in die Luft werfen und Samba tanzen? Ein Plakat in einem Schaufenster belegt immerhin eine wundersame Verjüngung im Kreis Telgte: »Suche Hausfrauen, Rentner, Mitarbeiter ab 16 Jahren als Regalsortierer ...« Die Gnadenkapelle ist gerammelt voll. Die Mutter Chottes blickt gnädig auf uns herab. Dabei lässt sie sich ihre Wunderdienste gerne »versilbern«: Zwei große Vitrinen sind gefüllt mit Plaketten, die dankbare Geheilte und Errettete aus ihrem Tafelsilber haben schmelzen lassen. Die Plaketten haben meist die Form der Körperteile, die durch himmlische Hilfe wieder genesen sind – überwiegend Hände und Beine, und auffallend viele Herzen. Hilft die Mutter Chottes auch bei Liebeskummer, oder haben es so viele westfälische Patienten »an der Pumpe«? Einer hat sich die aufwändige Schmiedearbeit geschenkt und gleich seine silberne Gabel dagelassen. Oder hat der durch Marias Gnade seinen Appetit wiedergefunden? Die Auftragsannahme funktioniert in Selbstbedienung: Ein großes Buch nimmt alle Tätigkeitswünsche an die Mutter Chottes entgegen. Ein kostenloser Zusatzservice rundet das Leistungspaket ab: »Wenn Sie möchten, dass Ihre Wünsche von unseren Ordensschwestern im Gebet mitgetragen werden, melden Sie sich bitte im Schwesternhaus.«

Das Angebot gilt übrigens von XL (Lebensrettung, schwerste Not) bis S (alltägliche Kleinigkeiten). Auch in Partnerschaftsfragen wird die Mutter Chottes gern konsultiert. Eine Frau wünscht sich laut Auftragsbuch sogar ein besseres Sexleben ... Man kommt allerdings nicht um den Eindruck herum, dass einige Besucher ziemlich vermessene Ansprüche stellen und den nötigen Respekt vermissen lassen: »Bitte mach, dass unsere Tochter die Prüfung mit der Note ›sehr gut‹ besteht.« Sonst noch Wünsche!? Ein anderer Eintrag beginnt mit: »Mutter Gottes, Du musst (doppelt unterstrichen) mir helfen!« Nicht in diesem Ton!, höre ich die Mutter Chottes im Geiste sagen. Auch gut: »Wir bitten um den Schutz eines Brautpaares, das am 13.5. in Papua-Neuguinea getraut wird.« Da kann die Mutter Chottes aber lange nachdenken ... Das Vertrauen in die Kunst der Ärzte im Telgter Krankenhaus scheint nicht besonders hoch zu sein: Ein großer Teil der Wünsche betrifft bevorstehende Operationen. Hier liegt aber auch eine Schwäche im System: Gelingt der Eingriff, ist dies nicht der Verdienst des Arztes, sondern die Gnade der Mutter Chottes. Diese haftet jedoch nicht, wenn der Eingriff misslingt. In diesem Fall liegt die Verantwortung beim Antragsteller, der nicht genug gebetet oder zu viel gesündigt hat.

Trotz dieser Haftungsausschlussklausel hat die Gnadenkapelle viele zufriedene »Kunden«, wie auch der zahlreich gespendete Familienschmuck zeigt. Selbst außerhalb der Öffnungszeiten können Geheilte ihre Dankesgaben von außen durch einen Briefschlitz einwerfen, über dem »Opfer« steht. Das ist Dienstleistung (und das in Deutschland)! Die Inhaber der bis auf den letzten Platz gefüllten Goldgruben-Cafés im Schatten der Kapelle haben sicher einen Dankesopfer-Dauerauftrag eingerichtet. Gegenüber der Kapelle bietet ein Devotionalienhandel Mutter Chottes-Andenken in allen Kitschgraden (soft bis extrem) an. Dass Marketingfritzen für den Kapellen-Kommerz noch nicht dieser Slogan eingefallen ist: »Ihr zuverlässiger Partner in Wundern seit Christi Geburt« ... Es ist ein trauriges Zeichen unserer Zeit, dass ein hoher Teil der Bucheinträge mit dem Wunsch nach einem Arbeitsplatz zu tun hat. Aber auch Originelles findet sich: »Liebe Maria, reinige unsere katholische Kirche ...« Wie wahr! Hoffentlich wird diese Bitte erhört! Man hätte dazuschreiben sollen: ... und lass Karol schnell einen neuen Arbeitsplatz finden.

(Erschienen 2002)

Anmerkung:

Immer noch ein netter Roadmovie-Artikel, auch wenn Karol heute Ratzi heißt. Bei der Zusammenstellung der Kapitel wurde intern diskutiert, ob es nicht etwas arg religiöse Gefühle verletzt, diesen Beitrag unter Hobbys zu rubrizieren. Aber es setzte sich die Meinung durch, dass Glauben schließlich das Hobby jedes Einzelnen ist und für Andere daher nicht verbindlich. Von daher müssen Gläubige nun mal damit leben, dass ihre Gefühle von Leuten mit anderen Hobbys verletzt werden können. Aber deswegen jetzt bitte nicht gleich heulen.
Für die nächste Reportage steht übrigens noch die Königsdisziplin der Marientour aus: Die Telgter Kutschenwallfahrt!

# Bauern-Jackass.

## Kartoffelkanonen & Klorollenwerfer: In westfälischen Wäldern wird fröhlich rumgeballert.

1945 – in den letzten Kriegswochen mussten auch noch Opas und Kinder an die Front. Für Ausbildung am Gewehr blieb keine Zeit mehr. Deshalb bekamen Rentner und Hitlerjungs die »Panzerfaust« in die Hand gedrückt. Vorteil dieser Waffe: Sie schießt ohne Rückstoß und ist deshalb auch für schwache und ungeübte Personen kinderleicht zu bedienen.

Genau diese Eigenschaft machen sich heute Jugendliche zunutze, denen »Jackass« im Fernsehen gucken nicht mehr reicht. Spätestens seit »Spiegel TV« in einem pädagogisch wertvollen Bericht vor den bösen Gefahren verbotener »Kartoffelkanonen« warnte und den jungen Zuschauern damit endlich das richtige Google-Suchwort lieferte, ist kein Halten mehr. Die Bauanleitung gibt's in Internetforen, das Material für unter zwanzig Euro im Baumarkt, die Munition – Kartoffeln – frei verkäuflich im Gemüseregal vom Supermarkt und der Treibstoff – Haarspray – steht in Muttis Frisierschrank. Und dann heißt es »Boom – shake da room!« Kartoffelkanonen schießen ihre Projektile weit über hundert Meter.

Was sich so harmlos anhört, ist allerdings ein ziemlich gefährlicher Spaß. Oder besser: überhaupt kein Spaß. Obwohl: Witzig sieht es schon aus, wie die durchgeknallten Typen in den Internet-Videos mit ihren seltsamen Vorderladern Autoscheiben zerballern. Wie das möglich ist? Die Geschossenergie einer Kartoffelkanone liegt deutlich über 100 Joule. Praktisch heißt das: Eine damit abgefeuerte Taschenlampenbatterie durchschlägt locker eine Zentimeter dicke Hartfaserplatte – und fliegt danach noch ein gutes Stück weiter! Das macht die Kartoffelkanone zu einer tödlichen Waffe.
Deshalb ist sie auch gesetzlich verboten. Das Gesetz sagt: »Tragbare Geräte zum Abschießen von Munition sind Schusswaffen«. Also auch Kartoffelkanonen. Ganz präzise heißt es: »Schusswaffen, bei denen zum Antrieb der Geschosse heiße Gase verwendet werden, sind Handfeuerwaffen.« Paragraph 52a der Strafvorschriften legt fest: »Mit Freiheitsstrafe bis zu fünf Jahren wird bestraft, wer eine solche Waffe herstellt, bearbeitet, instand setzt, erwirbt oder anderen überlässt.« Aber es kann noch schlimmer kommen, Artikel 2 bestimmt: »In besonders schweren Fällen gilt eine Freiheitsstrafe bis zu zehn Jahren. Ein besonders schwerer Fall liegt vor, wenn der Täter als Mitglied einer Bande handelt.« Ein humorloser Staatsanwalt könnte eure Homie-Posse schnell als »Bande« ansehen ...
Und noch eine juristische Spaßbremse: »Mit Freiheitsstrafe bis zu fünf Jahren wird bestraft, wer zur Herstellung illegaler Schusswaffen anleitet.« Es ist also nicht nur strafbar, eine Kartoffelkanone zu besitzen, sondern auch, die Bauanleitung für die Kumpels im Webforum zu posten.

Der Grund ist klar: Es müssen nicht einmal mit Gips ausgefüllte Klorollen sein – schon gewöhnliche Kartoffeln reichen aus, um übelste Verletzungen zu verursachen. Nicht nur die Mündung, auch das hintere Ende und der Deckel der Brennkammer dürfen niemals auf Personen gerichtet werden! Doch auch der Schütze selbst kann Opfer seiner Kartoffelkanone werden. Um das zu erklären, müssen wir die Technik der »Potatoe-Gun« genauer betrachten:

Den Lauf bildet ein gut ein Meter langes Abflussrohr. Das Geschoss wird tief in den Lauf geschoben. Kartoffeln sind deshalb so beliebt, weil sie sich so in das Rohr drücken lassen, dass der ausgestochene Kartoffelkern den Lauf fest verschließt. Das ist wichtig, damit die Explosionsenergie nicht entweicht und damit wirkungslos verpufft. Die Explosion wird durch Gas herbeigeführt, das in ein rechtwinklig angebrachtes T-Stück eingefüllt wird. Also: pffft! – Haarspray in die Brennkammer und dann feste Deckel drauf. Den Zündfunken liefert ein Elektrofeuerzeug, dessen Kontakte man durch Drähte verlängert hat, die durch kleine Bohrungen ins Innere der Brennkammer geführt werden. Ein Klick auf das Feuerzeug und – wwwusch! – treibt das explodierende Gas die Kartoffel aus dem Lauf. Allerdings nicht immer. Folgende Fehler können auftreten: 1. Brennkammerdeckel fliegt mit tödlicher Wucht ab. Ursache: Deckel war nicht fest genug zugeschraubt. 2. Brennkammer wird vollständig zerfetzt. Ursache: Deckel war zu fest zugeschraubt. 3. Stichflamme beim Öffnen des Deckels. Ursache: nicht verbrannte Gasrückstände in der Brennkammer. 4. Kartoffelkanone brennt. Ursache: Material nicht nach DIN 19560 PP schwer entflammbar. Der schwerste Fehler: Kartoffelkanone berstet beim Schuss und fliegt völlig auseinander. Mögliche Ursachen: zu feine Rohrgewinde, zu wenige Schrauben, zu viel oder zu explosives Gas. (Hände weg von Butan-Kartuschen. ›Hände weg‹ trifft es im doppelten Sinn!)

Geballert wird von zerstörungsfreudigen Kids mit allem, was die Natur hergibt: Walnüsse in grüner Schale sind jetzt besonders gesuchte Baumfrüchte. Aber die Jugend experimentiert auch gerne: mit geschmolzenen Gummibärchen gefüllte Ü-Eier (Gummigeschosse), mit Sägespänen angerührte Kerzenwachsformen, mit Farbgelee gefüllte Filmdosen – es gibt praktisch nichts, womit man als Waldspaziergänger nicht bedauerlicherweise versehentlich erschossen werden könnte.
Das weckt natürlich Wachsamkeit und Interesse der Polizei. In den umliegenden Landkreisen ist die Kartoffelkanone schon aktenkundig:
In Lette bei Coesfeld beschossen drei 15- bis 17-Jährige einen abgestellten Bauwagen. Ihre Kartoffelkanonen wurden sichergestellt und als Beweismittel in einem Verfahren wegen Verstoßes gegen das Waffengesetz verwendet.
Im Kreis Borken wurde eine Kanone beschlagnahmt, nachdem Passanten einige Feldfrüchte um die Ohren geflogen waren. Die Beamten waren besonders erstaunt darüber, dass die Einschläge fast dreihundert Meter (!) vom Abschussort entfernt lagen.
Im Kreis Steinfurt müssen sich zwei 15-Jährige wegen »Herstellung, Besitz und Nutzung eines Schießgerätes« vor dem Jugendrichter verantworten. Die beiden hatten sich durch »abschreckende« Fernsehberichte inspirieren lassen, sich aber angesichts der unerwarteten Durchschlagskraft selbst vor der Wirkung ihrer Bastelarbeit erschrocken. Der Polizeibericht hämt: »Jetzt ist der Katzenjammer groß ...«

Hände hoch oder ich drück' aufs Haarspray! Inzwischen sind die Delikte mangels warnender Presseartikel zurückgegangen.

Die Polizei Münster hat noch keine eigenen Erfahrungen mit Kartoffelkanonieren gemacht, ist aber gewarnt. Auf jeden Fall helfe es nichts, falls man erwischt wird, Rohrstücke oder Zünder zu demontieren. Denn eine auseinandergebaute Kanone ist auch dann eine Schusswaffe, wenn sie »mit allgemein gebräuchlichen Werkzeugen wieder gebrauchsfähig gemacht werden« kann. Der Polizeisprecher des Kreises Steinfurt bat uns ausdrücklich, den Artikel doch bitte so zu formulieren, dass Jugendliche vom Bau von Kartoffelkanonen abgehalten werden. Tja, wir fürchten nur, dazu ist es zu spät. Zwar sind aus Angst vor Strafe viele Bauanleitungen aus deutschen Internetforen verschwunden, aber Webseiten aus Österreich und England bieten schon professionelles Equipment an. Die beste Variante: der »Klorollenwerfer« vom Kaliber 13 cm! Das Loch in der Mitte der Klorolle muss man natürlich zustopfen ... Moment mal! Jetzt wissen wir endlich, was wir mit diesen ****! Eichhörnchen machen, die immer unser Büro verwüsten! Har har!

(Erschienen 2006)

Anmerkung:

Ja, die legendären Hooligan-Eichhörnchen auf dem Balkon der Ultimo-Redaktion waren wirklich eine Plage! Aufdringlich, dreist und respektlos durchwühlten sie Schubladen, Butterbrotdosen und Süßigkeitenvorräte. Am liebsten hätten wir mal eins dieser Viecher tatsächlich mit einer Kartoffelkanone Richtung Mond geschossen! Aber die weiblichen Kollegen fanden die pelzigen Vandalen ja sooo süüüß. Und die Bürokatze hatte Schiss vor denen.
Inzwischen sind die Kartoffelkanonen für Eichhörnchen und Menschen keine Gefahr mehr, was wohl daran liegt, dass lange keine »Warnberichte« mehr erschienen sind. Was eigentlich auch dem letzten Journalisten die Blödsinnigkeit solcher Art von Pädagogikartikeln klarmachen sollte.

# Jäger der Dose.

## »FTF« oder »DNF«: Die Hightech-GPS-Schnitzeljagd nach Münsters »Geocaches«.

Um möglichen »Schurken« überall auf der Welt zielgenau eine Rakete genau unter den Hintern schießen zu können, erfanden die Amis in den 1990ern das satellitengestützte globale Positionsbestimmungssystem, kurz: GPS.
Damit mögliche »Schurken« GPS nicht ebenfalls nutzen konnten, um ihrerseits Raketen unter den Hintern von Mr. President zu navigieren, wurde die Genauigkeit für nicht-militärische Nutzer künstlich herabgesetzt.
Im Jahr 2000 gaben die US-Militärs ihr Monopol auf und schalteten die künstlich erzeugte Ungenauigkeit ab. Seitdem steht GPS mit einer Präzision von +/- 10 Metern auch für zivile Anwendungen zur Verfügung. Zum Beispiel Landwirten, die GPS nutzen, um möglichst gerade Ackerfurchen zu ziehen (»Precision Farming«).
Es dauerte nicht lange, bis jemand auf die Idee kam, die Satellitennavigation für eine zeitgemäße Hightech-Variante eines alten Kinderspiels zu nutzen – aus der Oldschool-Schnitzeljagd wurde das moderne »Geocaching«.

Dabei wird ein Behälter (Cache, sprich: Käsch) mit einem »Schatz« versteckt und dessen geographische Koordinaten im Internet veröffentlicht. Wer ein geeignetes GPS-Gerät besitzt, kann nun losmarschieren und sich auf die Suche machen. Allerdings darf der Finder den Schatz nicht einfach mitnehmen. Zu den Regeln gehört, dass man einen neuen Fund für die nächsten Jäger hinterlässt.
Und darum ist der gesamte Erdball inzwischen voll mit versteckten Geocaches. Etwa einer halben Million. Selbst in den entlegensten Regionen am Arsch der Welt und sogar in Krisengebieten wie dem Irak warten Geocaches auf ihre Entdeckung. Und natürlich auch in Münster ...

Zum Beispiel an der Villa ten Hompel (wovon die Mitarbeiter noch gar nichts wussten). Oder am Haus Sentmaring. Oder am Café Kling-Klang. Oder am Ladekran »Elefant« im Hafen. Und an den Uni-Kliniken. Ebenso wie an etlichen Kirchen und übrigens an so gut wie jedem Objekt der jüngsten Skulpturenausstellung.
Als Behälter für kleine »Schätze« sind Filmdosen beliebt, aber das Top-Verpackungsmaterial ist die gute alte Tupperdose. (Die Hersteller von Tupperware müssen glauben, dass es einen weltweiten Picknick-Boom gibt ...)
Der Cache enthält ein »Logbuch«, in das der Finder seinen Namen schreibt. Und natürlich hat jeder Cache-Sucher den Ehrgeiz, sich als »FTF« (First To Find) eintragen zu können.
Neben dem Logbuch wird der gefundene Cache auch im Internet auf www.geocaching.com dokumentiert. Und das ist richtig lehrreich. Erstens, weil man Ecken in seiner Stadt entdeckt, die man auch als Eingeborener noch

nicht kannte (z. B. das Arzneipflanzengärtchen hinter dem Institut für Phytochemie). Außerdem, weil fleißige Verstecker in ihrer Cache-Beschreibung oft eine geradezu enzyklopädische Abhandlung über den Ort des Caches verfassen, z. B. über das Haus Rüschhaus.
Ortskundige Münsteraner finden den Droste-Hülshoff-Sommersitz auch ohne die GPS-Koordinaten nördliche Länge 51°59.180 und 07°33.038 östliche Breite. Doch dann wird es ohne das Satelliten-Peilgerät kniffelig: Ein laminierter Zettel auf der Rückseite eines Schildes führt den Suchenden über einen Trampelpfad hinter einer Bank zur Gräfte. Dort steht ein dicker Baum und in diesem ist der Behälter versteckt.
Dieser Cache zählt zur Gattung der mehrstufigen Caches (Multi-Cache), bei dem mehrere Stationen jeweils den Hinweis auf das eigentliche Versteck geben. Der Multi-Cache unterscheide sich vom einfachen Versteck (Traditional Chache), bei dem die direkte Position des Verstecks angegeben ist.
Mit Rücksicht auf den Naturschutz ist das Vergraben von Behältern in der Szene verpönt. Stattdessen werden die Dosen gerne in vorhandenen Baumhöhlen, Mauerritzen und ähnlichen Hohlräumen versteckt – und zum Schutz gegen »Muggels« (störende Passanten) gut getarnt.

Das Dokumentieren muss nicht nur per Zettel und Stift geschehen: Die technische Aufrüstung macht auch im Detail nicht halt. Webcam-Caches bieten dem Finder einen besonderen Komfort: Einfach davorstellen, schön in die Linse grüßen, Bild als JPG per Mail zusenden lassen. Der nächste Webcam-Geocache ist allerdings »Das Auge von Osnabrück«.

Wegen Arbeit und Familie keine Zeit zum Caches suchen? Kein Problem: Geocaching kann man auch außerhalb der Arbeitszeit betreiben – mitten in der Nacht.
Spezielle Nachtcaches weisen den Weg zum Versteck mit Lichtsignalen. Zum Beispiel im Boniburger Wald. Der Nachtcache »Im Wald der Schwestern von der Göttlichen Vorsehung« ist ein drei Kilometer langer Weg durch Unterholz und Bäche. In Kopfhöhe sind in weiteren Abständen an den Bäumen rote Reflektoren in Centstückgröße angebracht. An vier Stationen findet man Filmdosen mit Hinweisen, die an der fünften Station zu einer Formel kombiniert werden müssen, die schließlich die Koordinaten der Endstation verrät.
Inzwischen gibt es solche »leuchtenden Pfade« schon mitten in der City. Also nix Böses denken, wenn mal nachts seltsame Typen mit GPS-Geräten in der Hand mit Taschenlampen Bäume und Laternenpfähle nach Zeichen absuchen.

Es gibt allerdings auch Leute, die das gar nicht so witzig finden. Zum Beispiel der NaBu. Der Naturschutzbund erklärt: »Geocaching ist ein Massenphänomen. Leider ist es in der Szene populär geworden, Caches in kleinen Höhlen zu verstecken. Die Leute kriechen und rutschen selbst auf dem Bauch in die engsten Spalten. Diese sind aber Rückzugsräume für geschützte Tiere wie Fledermäuse, die durch den ständigen Besuch in ihrem Winterschlaf gestört werden. Vor manchen Felsspalten haben sich schon richtige Trampelpfade gebildet …«
Und auch das Münsteraner Tiefbauamt schätzt die Schatzsuche nur bedingt. Geocacherin Ela erhielt im Dezember Post von der Behörde anlässlich einer Brü-

ckenüberprüfung: »Das Tiefbauamt ist zuständig für die Verkehrssicherheit der Brückenbauwerke. Bei einer Brückenprüfung ist uns ein Versteck von Ihnen aufgefallen. Dabei handelte es sich um den »Cache Haskenau«. So gut die Idee des Geocachings auch ist, sind Verstecke unter Brücken nicht risikolos. Verstecksucher können sich unter der Brücke den Kopf anschlagen, Verletzungen zuziehen oder an der Böschung abrutschen. Weiterhin könnten Beschädigungen an den konstruktiven Teilen des Brückenbauwerkes entstehen. Deshalb muss ich Sie bitten, das Versteck unter der Haskenaubrücke entfernen zu lassen. Weiterhin möchte ich Sie bitten, weitere Verstecke unter Brückenbauwerken im Stadtgebiet Münsters aus den oben genannten Gründen entfernen zu lassen. Mit freundlichen Grüßen ...«

Auf jeden Fall hat der NaBu Recht mit der Feststellung, dass Geocaching inzwischen zum Massenphänomen geworden ist. Darunter leiden die Schatzsucher: Geocacher West468 stöhnt im Webforum: »Mir wachsen die Caches schon über den Kopf. Vor dem Zubettgehen wollte ich noch schnell zwei Caches heben. Doch dann war der Wurm drin. Nach über einer Stunde Suchen weit nach Mitternacht frustriert aufgegeben. Zu Hause im Netz noch einen neuen Cache entdeckt. Nach dem Frust noch ein Fund, dann könnte ich gut schlafen! Also wieder los ... und nichts gefunden! Dann endlich noch Glück gehabt und die Suche um 3:42 Uhr abgeschlossen!« Um solche Pechsträhnen (Im Cacherslang: »DNF« = Did Not Find) zu vermeiden, geben manche Cacheausleger den Schatzsuchern gleich ihre Handynummer für einen »Telefonjoker« mit auf den Weg.

Und noch mehr Blues droht den Schatzsuchern: In einigen Städten hielten Sicherheitsbehörden zufällig entdeckte Tupperdosen und alte Munitionskisten schon für Terrorbomben und legten damit stundenlang den Verkehr lahm.

(Erschienen 2008)

Anmerkung:

Schon ein seltsames Hobby. Und seit Erfindung des iPhones braucht man nicht mal ein zusätzliches GPS-Gerät mitschleppen, sondern nur noch das Handy zu zücken. Während die NaBu-Umweltschützer sehnlichst das Ende dieses Trendsports herbeiwünschen, frage ich mich, was wohl als nächstes kommt – Versteckspielen mit eingepflanztem Erkennungschip unter der Haut? Lustig war, dass der Hausmeister der Villa ten Hompel erst durch diesen Bericht davon erfuhr, dass sein Gebäude von oben bis unten voller Geocaches steckt – und seitdem schwer hinter Tupperdosen im Garten und an der Fassade her ist.

# Immer nur Brei!

## Zu Besuch bei Münsters Mittelalter-Fans: Die »Monasterianer« basteln sich zurück in ihre Traumwelt.

Die Zeit zwischen Antike und Renaissance wird in der Literatur als das Mittelalter bezeichnet und meist als »finster« beschrieben. Mittelalter heißt: Pest, Folter, Kreuzzug. Außerdem war die Hygiene noch nicht erfunden und der Zahnarzt kannte nur die Holzhammernarkose ... hmpf.
Manchen Zeitgenossen des 21. Jahrhunderts gilt das Mittelalter allerdings keineswegs als rückständig, sondern eher als sinnenfroh. Sie denken vor allem an Ritter-Romantik, flotte Burgfräuleins, Minne und Heldensagen ... wow.
Deshalb pfeifen sie auf moderne Errungenschaften wie Tiefkühlpizza, Unterschichtfernsehen und FDP, und reisen lieber in die Zeit der vorletzten Jahrtausendwende. Mittelalterfeste wie das »Mittelalterlich Phantasie Spectaculum« sind eine Wachstumsbranche.
Eben dort traf sich in diesem Sommer Andreas Jusczus aus Münster mit anderen Schwert-und-Laute-Fans: »Meine Freunde sagten: Eigentlich müsste man eine Mittelaltergruppe in Münster aufziehen! Und ich sagte: Das überlege ich mir schon lange. Also – gesagt, getan! Wir sind die Monasterianer!«

Zur Realisation wurde jedoch kein berittener Bote ausgeschickt, sondern ganz profan das Internet genutzt. Über die neue Webseite hat die Gemeinde schon sechs aktive Mitglieder gefunden.
Und die Informationen, die www.mittelalter-muenster.de bietet, sind erstaunlich vielseitig. Andreas: »Wir haben alles durchforstet, was es zu dem Thema an Büchern und im Netz gibt. Dabei haben wir aber die Erfahrung gemacht, dass auf die Inhalte von Wikipedia auch nicht immer Verlass ist. Einige Beiträge, die wir von dort übernommen hatten, haben uns Experten sofort verrissen.« Inzwischen ist die Qualität der meisten Infos gesichert. Zum Beispiel über die Ernährungsgewohnheiten um 1400. Wer jetzt an Ritterfeste denkt, bei denen sich die Tische unter Pfauen und Hirschen biegen und unter Gegröhle die Knochen durch die Luft fliegen, wird enttäuscht. Auf dem Speiseplan stand meistens Brei. Morgens, mittags, abends Brei. Brei aus Gerstenmehl, Brei aus Hafenmehl, Brei aus Weizenmehl. Brei mit Butter, Brei mit Milch, Brei mit Quark. Allerdings war der Brei nicht breiig, sondern zäh bis schnittfest. Zum Rutschen gab's dazu ein warmes Bier oder einen sauren Wein. Und ein Drittel des Jahres (!) gab's überhaupt nix zu essen – Fastenzeit! Nur Hanf und Linsen. Und mittwochs und freitags kein Fleisch. Hat die Kirche verordnet. Doch dem strengen Regelwerk folgte sogleich das Pharisäertum: Geistliche, denen ihre eigenen Fastenvorschriften nicht schmeckten, verfügten großzügig, dass der Biber wegen seines schuppigen Schwanzes auch als Fisch durchgeht.
Der Benediktinerbischof Maurus (offensichtlich ein Brathühnchen-Fan) fand eine besonders praktische Lücke im Gesetz: »Vögel und Fische wurden von Gott am gleichen Tag erschaffen, also sind sie der gleichen

Gattung zuzuordnen. Sie kommen aus den Tiefen des Suppentopfes empor, wie die Fische aus den Tiefen des Meeres. Also dürfen sie auch verspeist werden ...« Ich bin mir sicher, dass die meisten Politiker ihre Familiengeschichte bis ins Mittelalter zurückverfolgen können. Die Tischsitten waren rustikal, aber kommunikativ. Das lag vor allem daran, dass sich zwei Neuerungen lange nicht durchsetzen konnten: Teller und Gabel. Die Gabel wurde noch bis ins Barock wegen ihrer Form als Teufelswerkzeug verfemt. Teller waren Luxusgegenstände; die alltägliche Unterlage bestand aus altem Brot. Meist wurden die Portionen jedoch gleich aus der Schüssel geteilt – ebenso wie der einzige Löffel bei Tisch und das Trinkgefäß für alle Teilnehmer. Wer nicht warten wollte, bis der Löffel auf seiner nächsten Runde bei ihm vorbeikreiste, konnte ja noch die Hände benutzen.
Auch die Recherchen zum »Sittenleben« vor dem Dreißigjährigen Krieg sind hochinteressant. Es ist ja schon allgemein bekannt, dass es vor allem in den Klöstern drunter und drüber ging. Das Ansehen der Kleriker wurde landläufig so mies, dass »Der fette Pfaffe« und »Die geile Nonne« Standardfiguren mittelalterlicher Komiker waren. Weniger bekannt ist aber zum Beispiel, dass vor der Erfindung des Schnullers plärrende Kleinkinder von ihren Eltern zur Beruhigung masturbiert wurden. Liebe Eltern: nicht nachmachen! Dafür kommt ihr heute in den Knast.

Und wie sah's in Münster aus? Darüber lässt sich leider nur wenig herausfinden. Grund: Angeblich haben die Wiedertäufer die meisten Akten vernichtet. (Für Kirchenakten mag das zutreffen; vielleicht waren die Stadtschreiber auch einfach nur faul ...) Fest steht je-

doch: Die Sachsensiedlung Mimigernaford am Horsteberg heißt seit 1068 offiziell »Monasterium«. 1206 wird aber schon der Name »Münster« eingeführt. Hier zanken der weltliche Stadtrat und die bischöfliche Kurie permanent um die Abgrenzung räumlicher und rechtlicher Kompetenzen. 1169 legte ein Güteverfahren fest, dass die Grenze zwischen kirchlichem und kaufmännischem Bezirk an der Rückseite des Prinzipalmarktes verläuft. Zur Sicherheit zog der Bischof eine 8 Meter hohe Mauer zum Schutz vor seinen Nachbarn.
Hermann II. von Katzenelnbogen hatte schon am Kreuzzug des sagenhaften Kaisers Barbarossa teilgenommen, bevor er um 1190 der erste Fürstbischof von Münster wurde. Er begründete Münsters starke Verteidigungsanlage. Diese schützte Münster zwar einerseits vor Feinden, behinderte aber auch 600 Jahre lang seine Ausdehnung.
Um 1300 werden die ersten ansässigen Juden für eine Pestepidemie verantwortlich gemacht und mit Gewalt vertrieben. 1326 wird in Kinderhaus ein »Siechenhaus« für Leprakranke gegründet. In den nächsten hundert Jahren ist man überwiegend mit dem Kleinkrieg um die Bischofsnachfolge beschäftigt. Erst im 16. Jahrhundert kommt wieder Schwung in die Stadt: 1534 übernehmen die Wiedertäufer für zwei wilde Jahre das Ruder. 1552 erlebt Münster den ersten Hexenprozess. Weil man in Münster noch keine Erfahrung mit Hexen hat, wird ein Experte aus Paderborn geholt. Der braucht fünf Tage für die Beweiserhebung; die Angeklagte endet auf dem Scheiterhaufen.

Andreas und seine Kollegen wollen das Mittelalter aber nicht nur studieren, sondern erleben. Anfassen.

Deshalb betätigen sie sich auch praktisch. Die Webseite bietet Bastelanleitungen für Gewänder, Möbel und Werkzeug, die von den Monasterianern schon erfolgreich getestet wurden. Allerdings nehmen sie es dabei mit den Materialien und Hilfsmitteln nicht sooo genau. Sonst müsste man ja zuhause erstmal Leim aus einem toten Hasen kochen, um seine Truhe zu tischlern. Andreas meint dazu: »Also manche Leute in der Szene sind 100%-ig puristisch. Einer hat mich mal gefragt, womit ich denn meinen Zeltstoff imprägniere. Ich sag, wieso, den kaufe ich imprägniert. Da ist der total ausgerastet ... Ich meine: Irgendwo hört diese Detailversessenheit auf; sonst kann ich bei Zahnschmerzen auch gleich zum Schmied gehen!«

Je größer die Kinder, desto authentischer das Mittelalter-Ambiente. Nur bei mittelalterlicher Zahnmedizin hört die Detailtreue auf ...

Andreas und die Monasterianer wollen sich in der Szene »erst mal einleben«. Dabei dürfen auch Brillenträger mitmachen. Auch die Musik muss nicht selbst auf dem Dudelsack geblasen werden, sondern darf durchaus von »gelochten Silberscheibleyn« kommen. Fernziel ist allerdings, irgendwann bei den »richtigen« Heerlagern aufzutreten. Deren Hardcorefans haben sich längst aus der trüben Gegenwart verabschiedet und leben glücklich im Heiligen Römischen Reich deutscher Nation. Wer auch dahin will, meldet sich: webmaster@mittelalter-muenster.de.

(Erschienen 2006)

Anmerkung:

Während sich z. B. Vertreter und Kritiker des Islam gegenseitig vorwerfen, »zurück ins Mittelalter« zu wollen, sind diese Jungs hier schon mal vorgegangen und finden es prima dort. Und der Boom dieser kuriosen Zivilisationsflucht reißt nicht ab, sondern ist eine echte Wachstumsbranche. Inzwischen haben sich noch weitere Mittelaltergruppen in Münster gegründet, die teils aus der Rollenspielszene, teils aus der experimentellen Archäologie kommen. Eines haben diese natürlich alle gemeinsam: Bei der Strafprozessordnung von 1300 und mittelalterlicher Zahnheilkunde hört die Begeisterung für Authentizität auf.

# Münsters Mofa-Machos.

## Tollkühne Männer auf klapprigen Kisten: Geheime Rennen mit getuneten Müll-Maschinen.

Der klassische Biker bezeichnet sein Motorrad liebevoll als »Iron Horse«. Demnach könnte man diesen Gegenstand als »Plastik-Pony« ansprechen – die Rede ist vom Mofa. Generationen von Kids brachte das Mofa Freiheit und Mobilität. Und ein klitzekleines bisschen wildes Bikerfeeling war natürlich auch dabei – immerhin bewegte man sich mit einem echten Verbrennungsmotor vorwärts.

Es ist nicht kühn, die These aufzustellen, dass jeder männliche Jugendliche, der je ein Mofa besaß, auch einige Stunden gemeinnützige Zwangsarbeit im Zoo oder Altenheim abgeleistet hat – der Reiz, mit Feile und Schraubenzieher ein paar km/h mehr herauszuholen, war unwiderstehlich. Das schnellste Mofa schaffte es sogar ins deutsche Polizeimuseum – es wurde mit knapp 130 km/h gestoppt!

Wenn die meisten Mofas doch kaum schneller als Radfahrer fuhren, so aber unendlich cooler! Damit war es allerdings schlagartig aus, als Gesetzgeber, die von Coolness keine Ahnung hatten, die Helmpflicht einführten. Ein Motorrad-Integralhelm sieht auf dem Kopf eines Mofafahrers einfach grotesk Panne aus!

Während das Mofa in den 70ern Kultobjekt der KISS- und AC/DC-Jeanskutten-Gangs war, wurde es in den 80ern zum Statussymbol der Popper. Heute ist das Mofa als Jugendkult so ausgestorben wie die Lacoste-Scheitelträger. Klar: Warum sollte ein 16-jähriger noch mit 25 km/h durch die Infrastruktur kriechen, wenn er ein Jahr später für nur ein paar Euros mehr in die 125-Kubik-Klasse einsteigen kann? Heute fahren nur noch Sperrmüllsammler vom Balkan auf dem Mofa herum.

Trotzdem gibt es noch Jungs, die Zweitaktgemisch im Blut haben! In Münster veranstaltet ein konspiratives Racing-Team inoffizielle Mofarennen. Wir haben die »Mofaprolls« besucht. Versammlungsort und Namen dürfen wir nicht preisgeben, und das hat einen guten Grund: Was hier in einem münsterschen Industriegebiet in einer Garage steht, würde jeden Verkehrspolizisten mit Herzversagen aus den Latschen hauen. Der Chef des Rennteams erklärt stolz: »Also das hier, das war mal 'ne normale Bravo. Mit der 70-Kubik-Maschine, dem Rennvergaser und dem Shotgun-Auspuff fährt die locker 80. Und diese alte KTM hier bringt sogar 90. Deshalb haben wir den Rahmen mit Wagenheber-Streben verstärkt. Für das nächste Ackerrennen bauen wir gerade ein Custom-Modell: ein CIAO-Rahmen mit Simson-Gabel und Rädern von einer Kinder-Crossmaschine, harhar!«
Seit im vergangenen Sommer das erste Mofarennen als spontane Schnapsidee über den Acker ging, gibt es kein Halten mehr: »Alle, die durch Zufall davon gehört und teilgenommen hatten, waren total angefixt und haben gesagt: nochmal, nochmal! Also wollen wir mindestens drei Rennen im Jahr organisieren.« Kein

Wunder, dass die Piloten begeistert waren: »Das Rennen startete mit stundenlanger Verspätung, weil hier und da noch geschweißt werden musste. Dann ging es über 12 Runden. Weil es geregnet hatte, war es ein einziges Schlammgerutsche. Wir sahen aus, als würde Gras auf uns wachsen! Dabei wurde eine Menge Schrott produziert: Einer kam auf einem Mountainbike mit Mofamotor. Das Teil brach schon bei der Aufwärmrunde auseinander. Ein anderer hatte zwei Motoren unter seine Mofa gebastelt: die »Mopete«. Das Ding ist allerdings total abgeschmiert. Einem Dritten brach der Lenker ab – wie durch ein Wunder gab es keine Verletzten!«

Na dann: Bahn frei! Das nächste Rennen soll in Kürze starten. Das erfordert noch eine Menge Vorbereitung. Erst muss eine geeignete Strecke ausgespäht werden: »Ideal ist ein Bauernhof oder eine Industriebrache. Das Gelände muss schon ein paar spektakuläre Eigenschaften bieten.« Dann stehen Erdarbeiten an: »Wir heben Steilkurven aus und schütten Sprunghügel auf. Dafür haben wir sogar einen kleinen Bagger. Natürlich machen wir hinterher alles wieder glatt ...«

Das Wichtigste: Die Mofas müssen besorgt werden. Die Rennfahrer empfehlen als Quelle die Kleinanzeigenblätter »Reviermarkt« und »Der heiße Draht«. Von eBay raten sie eher ab: »Zu teuer«. Seltsamerweise findet man die meisten fahrbereiten Mofas im Raum Hannover. Alles, was der Verkehrssicherheit dient, wird erstmal als unnützer Ballast abmontiert. Die einzige Vorschrift in der offenen Rennklasse: »Pedale müssen dran sein. Sonst ist alles erlaubt.«

Nicht nur was dran ist, auch was drin ist, zählt: »Mit dem Sprit experimentiert jeder Fahrer für sich. Die einen schwören auf Lackverdünnung, die anderen auf

Rhizinusöl als Benzinzusatz. Ich persönlich halte einen Turbolader mit Lachgaseinspritzung für unschlagbar!«

Trotz aller Tricks geht es den tollkühnen Männern auf klapprigen Kisten nicht um Geschwindigkeit: »Alter, das sind und bleiben Mofas! Auf der Ackerpiste ist spätestens bei 50 km/h Feierabend. Wir wollen nicht, dass irgendwelche Freaks Höllenmaschinen bauen, mit denen dann noch was passiert. Wir sind ja froh, dass bislang alle Knochen heil geblieben sind!«

Damit das so bleibt, gilt auch hier die allgemeine Helmpflicht. Zur Sicherheit unterzeichnen alle »Piloten« einen Haftungsausschluss und gehen auf eigene Gefahr an den Start. Dass Betriebserlaubnis und Versicherungsschutz der aufgemotzten 50 ccm-Geschosse so tot sind wie die SPD in Bayern, versteht sich von selbst.

Dies sind keine (!) Sperrmüllsammler vom Balkan!
Da fehlt ja auch der Anhänger, wie man sieht.

Übrigens, der halblegale Spaß begeistert nicht nur spätpubertäre Motor-Machos: »Wir hatten sogar einen Prof. Dr. am Start, der sich extra eine alte CIAO aus Holland besorgt hatte ... aber der Typ hat voll abgeloost!«

Nicht nur, um das Risiko überschaubar zu halten, soll die Veranstaltung nicht über den kleinen, exklusiven Kreis hinauswachsen: »Wir wollen keine Vereinsmeierei in die Sache hereinbringen. Wir wollen auch keine Idioten dabeihaben, die nur angeben. Und natürlich haben wir nicht die kleinste Chance, das ganze offiziell zu machen – da kämen ja gleich alle Behörden angerannt und würden ohne Ende Auflagen machen bis hin zu getrennten Toiletten!« Tja, die Jungs haben Sinn für Realismus ...

Poser will die Posse auf dem Hof der unscheinbaren kleinen Motorradwerkstatt in Kanalnähe draußen halten. Aber wie sollen coole Mofa-Racer Anschluss finden? Durch Mundpropaganda: »Am besten einfach mal in der Szene die Ohren offen halten. Die Flyer, die gleichzeitig als Starterlaubnis gelten, werden nur persönlich verteilt. Wir wollen uns halt vorher davon überzeugen, dass die Leute auch okay sind.«

Aber Achtung: Auch wer zum Start zugelassen wird, hat es nicht leicht! Auf den wenigen Kilometern Rennstrecke wird der Bierbauch ganz schön durchgerüttelt: »Es geht unheimlich auf die Kondition. Auf jeden Fall bekommt man Blasen an den Händen vom Gasgeben! Leider kann man mit diesen Renn-Mofas ja nirgends öffentlich trainieren ...«

Aber auch für das Mofa-Material ist das Event ein Härtetest. Man sollte nicht davon ausgehen, auf seinem Zweirad wieder den Heimweg anzutreten: »Die 12 bis 15 Runden hält kaum eine Maschine aus. Die meisten bleiben als Schrott auf der Strecke ...«

Die Piloten stehen bei einer Kiste Bier auf dem Werkstatthof und versuchen fieberhaft per Handy, eine geeignete Strecke für das nächste Rennen Mitte Mai zu finden. Ein Vorschlag findet großen Anklang: »Einmal rund um die Promenade! Mitten in der Nacht! Die Mofas im LKW, ankommen, raus und los! Den Letzten packen die Bullen!«
Hallo liebe Leser im Polizeipräsidium: Der Vorschlag wurde später doch noch verworfen ...

(Erschienen 2005)

Anmerkung:

Haben Männer bei der Evolution ein paar Schrauben verloren? Definitiv! Aber das lässt sich nun mal auch durch das schönste »Gender Mainstreaming«-Programm nicht mehr reparieren. Also kann man(n) doch wenigstens etwas Spaß dabei haben. Dazu sind beschleunigte Gefährte natürlich besonders ideal. Inzwischen haben die Mofarennen in Münster allerdings etwas an Attraktivität verloren, denn die Entwicklung ist längst weiter: Ein münstersches Racing-Team hat den Motor einer Kawasaki 650 ccm auf einen Aufsitz-Rasenmäher montiert.

# WAS MIT TIEREN

# Fiffis letzte Ruhe.

## Kadavermehl & Urnengrab: Was passiert eigentlich mit unseren verblichenen Haustieren?

Tiere sind die treuesten Freunde des Menschen. Doch was machen Frauchen und Herrchen mit ihrem gefiederten, geschuppten oder bepelzten Freund, wenn dieser sein Leben aushaucht? Erhält der Goldfisch eine feierliche Seebestattung? Kommt der Piepmatz in einer Eierbecher-Urne auf den Fernseher? Und was genau ist eigentlich in Hundefutter? Um diesen Fragen nachzugehen, nahm Ultimos Chefreporter die Fährte der tierischen Lieblinge auf dem Weg in die ewigen Jagdgründe auf ...

Wenn die Miezekatze auf dem OP-Tisch des Tierarztes den Folgen einer Pralinen-Überernährung erliegt, hat der Tierfreund drei Optionen. Falls er mit dem Tod des Haustieres nicht viel am Kopp haben will, wird er sich dafür entscheiden, dem Tierarzt die Entsorgung zu überlassen. Was macht der Tierarzt mit Waldi, Struppi oder Rufus, nachdem er ihnen die erlösende Todesspritze verabreicht hat? Während die zweibeinigen Angehörigen in stiller Trauer nach Hause gehen, sammelt der Doktor das liebe Vieh zunächst in der Kühlkammer, bis ein Mitarbeiter der münsterschen Abfallwirtschafts-Betriebe sie abholt und zur Deponie an der Rösnerstraße bringt. Hier werden sie nochmal kühl gelagert, bis sie von der Entsorgungsfirma Rethmann GmbH & Co. KG in Richtung Ruhrgebiet abtransportiert werden. Die Rethmann-Zweigstelle in Marl hieß früher etwas grobschlächtig »Tierkörper-Beseitigungsanlage«, wurde aber von smarten Marketingfritzen zeitgemäß in *Saria Bio-Industrie* umgetauft. Trotz des wohlklingenden Firmennamens, der eher an eine Beautyfarm erinnert, ziert sich der *Saria Bio*-Sprecher (der ausgerechnet Herr Thier heißt) wie eine katholische Jungfrau bei der Frage, zu was Möpse und Miezen denn hier eigentlich »verwertet« werden. Etwa zu Hundefutter? Gott bewahre! Bei der Firma *Effem* im norddeutschen Verden bekreuzigt man sich förmlich bei diesem Gedanken. *Effem* ist der Hersteller von Pedigree Pal, Chappi, Whiskas, Kittekat etc. Hier, so beteuert man, kommen nur hochwertige Schlachthof-Produkte in die Dose, die nach qualitativen Gesichtspunkten sogar für den Menschen genießbar wären. Ein Mitarbeiter der Obladener Firma *Freßkorb* äußert jedoch den Verdacht: »Die deklarieren das nicht, aber reinkommen tut's bei den meisten bestimmt doch ...« Die Rede ist von Kadavermehl. Herr Niemann ist der Geschäftsführer vom Verband *Fleischmehl e. V.* in Bonn und sagt ganz ungerührt: »Fleischmehl besteht zu 85 % aus Tierkörpern und Körperteilen warmblütiger Nutztiere, also Schweinen und Rindern. Die restlichen 15 % sind andere Nutztiere. Der Anteil von Haustieren beträgt höchstens 0,06 %, oder anders: 1.300 zu 2,5 Millionen Tonnen pro Jahr. Das Ganze wird bei 133 Grad sterilisiert, getrocknet und nach den Vorschriften des EG-Futtermittelrechts verwertet.« Peng! So einfach ist das! Miezi kommt in den Futtertrog. Immerhin: 1.300 Tonnen Haustiere pro Jahr im Tierfutter: ein dicker Hund. Etwas baff sage ich: »Da schlucken sicher viele Leute, wenn sie das hören.« Dieser Ethik-Blues kommt Niemann schon zu den Ohren raus: »Wenn's die Leute nicht interessiert, wo ihr Tier bleibt! Es gibt ja auch noch andere Möglichkeiten.«

Zum Glück. Option II ist die Möglichkeit, das verstorbene Haustier von einem Krematorium-Service verbrennen zu lassen. Allerdings befindet sich das nächste Tierkrematorium (mit Urne zum Mitnehmen) hinter der holländischen Grenze. Das Tierkörperbeseitigungs-Gesetz von 1975 lässt dem anteilnehmenden Tierhalter aber noch eine dritte Wahlmöglichkeit: die Bestattung. Aus lauter Tierliebe macht der Gesetzgeber bei den strengen Entsorgungs-Vorschriften eine großzügige Ausnahme: Entgegen weit verbreiteter Meinung ist es ausdrücklich erlaubt, einzelne Haustiere im Garten zu beerdigen. Dabei machen die Paragraphen keinen Unterschied in der Größe: Alle Hunde sind vor dem Gesetz gleich, egal ob Dackel oder Dogge. Es muss noch nicht mal der eigene Garten sein, in dem der plattgefahrene Liebling ruht. Nur auf und an öffentlichen Wegen und Plätzen sowie in Wasserschutzgebieten ist das private Bestatten untersagt. Und zwar, erklärt Dr. Minnebusch vom Veterinäramt in Roxel, wegen der Sickergefahr von Toxinen, sprich: Leichengiften. Eine Ausnahme steht übrigens nicht im Tierkörperbeseitigungs-Gesetz: Rehe und Wildschweine, die ein Straßenrennen mit dem Kühlergrill nicht überleben, landen oft genug in Rotweinsauce auf dem Küchentisch, statt in der Kadaveranstalt. Und auch Westfalens edlen Pferden bleibt das unschöne Ende als Industrie-Schmierfett oder Blutmehl-Presskuchen in einigen Fällen erspart:

In Greven-Reckenfeld ist der nächste Pferdemetzger, der übrigens hervorragenden Sauerbraten anbietet.

Wer nicht selbst zur Schüppe greifen will, bringt den toten Freund zum münsterschen Tierfriedhof in Handorf. An der Dingstiege liegt der Gottesacker von Herrn Schulze-Läusing.
Ganz kostenlos werden die treuen Kameraden natürlich nicht unter die Erde gebracht. Beispiel Bernhardiner: Für so einen Kaventsmann müsste es schon die Sarggröße II sein: XL. Preis 440 DM in Holz. Die Miezekatze ruht günstiger in Größe L für 380 DM. Eine Pauschale für Grabaushub und pietätvolle Bestattung liegt bei preiswerten 50 DM. Die jährliche »Liegegebühr« ist mit 150 DM auch noch erschwinglich. Die Friedhofsordnung sieht eine Mindestliegezeit von vier Jahren vor, denn so lange dauert es, bis die Tierkörper vollständig verwest sind und der »Liegeplatz« in westfälischer Erde neu vergeben werden kann. Anschließend steht es dem Halter frei, wie lange er Bellos letzte Ruhestätte weiter pflegen möchte. Leider werden die Gräber der lieben Kleinen hin und wieder von respektlosen Störenfrieden geschändet: »Die ollen Kaninchen fressen immer die ganzen Blumen ab!«, schimpft eine trauernde Hunde-Mutti. Aber auch zweibeinige Blumenklauer sind eine Friedhofsplage: Auf ihre Ergreifung ist eine Belohnung von 500 DM ausgesetzt, wie ein »Steckbrief« am Eingang mitteilt. Auf dem Kleintierfriedhof liegen hübsch in Reihe zwischen Hecken kleine Grabstätten, die von herzergreifender Tierliebe künden. Die Grabstein-Inschriften beweinen Legehennen (»Sie starb durch Hundebiß!«) und stachelhalsbandtragende Riesen-Rottweiler (»Ein mutiger Beschützer, der seine Familie stets gut bewachte«). Die

Gräber werden mit allem geschmückt, was die Kitschindustrie hergibt und so mancher kleine Kerl wird mitsamt seinem Lieblings-Wollknäuel oder -Spielknochen beerdigt.

In Handorf ruhen die Gebeine von Hektor von Stieglitz. Alternativvorschlag zur pathetischen Grabinschrift: »Postboten: IV, GEZ-Vertreter II, freche Kinder: III«

Normalerweise rufen die trauernden »Angehörigen« eines Tieres in Handorf an, um ein Begräbnis zu arrangieren. Im Januar diesen Jahres trat jedoch der seltene Fall ein, dass der Friedhofsboss selbst seine Dienste anbot. Schulze-Läusing wollte nur zu gerne das im münsterschen Allwetterzoo verstorbene Elefantenbaby werbewirksam unter die Erde bringen – doch an der Sentruper Höhe hatte man bereits andere Pläne mit dem Rüsseltier. Frau Zühlke vom Zoo erklärt, dass alle Tiere, die im Hochsicherheitsknast am Aasee sterben, vom staatlichen Veterinäramt obduziert werden müssen. Man will sichergehen, dass keine Seuche oder ein Haltungs- bzw. Ernährungsfehler den Tod verursacht hat. Anschließend kommen viele tote Tiere – besonders die exotischen – ausgestopft ins Naturkundemuseum. Der kleine Elefant wurde zu Forschungszwecken dem Institut für Zootierbiologie in Berlin übergeben. Der älteste Elefant im münsterschen Zoo, die dicke Dame August, ging dagegen den Weg in die »Verwertung« – zu *Saria Bio* nach Marl. Hier wird übrigens auch Knochenmehl und Tierfett zur Verwertung in weiteren Produkten der Lebensmittel-Industrie gewonnen, die zum menschlichen Verzehr bestimmt sind. Kein Wunder, wenn Gelatine-Genießern ihr Kuchen manchmal schwer im Magen liegt.

(Erschienen 1999)

Anmerkung:

Ich finde es heute noch krass, dass im Haustierfutter Haustiere sind – wenn auch in homöopathischer Dosis. Katzen würden Mäuse kaufen ... Inzwischen haben meine Kinder auch schon diverse Pelztiere im Garten bestattet und ich möchte nicht wissen, wie viele Wohnungsmieter ohne eigenen Garten ihren verstorbenen Bernhardiner bei Nacht und Nebel auf der Promenade beisetzen. Welche bizarren Dimensionen die Tierliebe erreicht, können Veterinäre berichten, bei denen selbst räudige Stadttauben zur Notoperation eingeliefert werden. Und wenn die **** Tauben, die meine Terrasse vollkacken, nicht aufpassen, kommen bald ein paar Gräber auf dem Tierfriedhof dazu!

# Unter uns Achtbeinern.

## Nix für Arachnophobe: Zu Besuch bei Münsters Spinnen-Fan Martin Kreuels.

Eigentlich könnten Menschen und Spinnen perfekt harmonieren: Spinnen beißen nicht, sie sabbern nicht, kacken nicht auf Kinderspielplätze und Bürgersteige und machen sich im Haushalt sogar als Mückenfänger nützlich. Das in der Tat haarige Problem: Spinnen sehen einfach igitt! aus, und es ist ihnen nur schwer vermittelbar, dass man keinerlei Körperkontakt mit ihnen wünscht – es sei denn, mit dem Schuhabsatz! Die Datei »Spinnenangst.exe« aus unserem genetischen Programm, die vor x-tausend Jahren gespeichert wurde, als wir noch auf der Erde schliefen, ist nicht löschbar. Trotz allem gibt es aber auch Menschen, die diesen Gegensatz besonders anziehend finden. Etwa den Münsteraner Martin Kreuels, der ein international gefragter Experte für Achtbeiner ist. Ultimo fuhr mit zugeschnürten Hosenbeinen zum Interview-Termin. Es wurde ein Gespräch unter zwölf Augen – die zwei des Reporters, die zwei von Kreuels und die acht von seiner Hauswinkelspinne im Einmachglas auf dem Tisch.

Sechs Augen schlagen sechs Punkte: Spinne frisst Marienkäfer. Guten Appetit.

Angefangen hat Kreuels mal als Ornithologe, aber seine Mutter hatte auf Dauer wenig Verständnis für die vielen toten Vögel in ihrer Tiefkühltruhe. Deshalb suchte unser Mann ein anderes Praxisprojekt, bei dem er neben der drögen Theorie seines Biologiestudiums auch mit der Natur in Berührung kommen konnte. Ein paar Kumpels suchten noch einen Kommilitonen für ein Spinnen-Thema. Nach kurzem Kontakt mit einschlägiger Fachliteratur hatte Kreuels Feuer gefangen: Bald hing er Tag und Nacht über Spinnenbüchern ... und in dunklen Kellerschächten, auf der Suche nach Forschungsprobanden. Heute, zehn Jahre später, betreibt Dr. Kreuels von seinem kleinen Arbeitszimmer in Münster aus die europaweit renommierte Firma *Aradet* und arbeitet als Spinnenkenner für namhafte Industrieunternehmen. »Der Bedarf und der Erfolg haben mich selbst überrascht«, meint der Jungunternehmer. Inzwischen ernähren Kreuels' Spinnen seine vierköpfige Familie. Auf Seminaren des deutschen Biologen-Verbandes stellt Kreuels seine ungewöhnliche Geschäftsidee regelmäßig Dauerarbeitslosen Bio-Diplomanden vor. »Das läuft immer gleich ab«, erzählt er, »ich komm' rein und sag', ich hab' ne Spinnenfirma – alle lachen sich kaputt. Hinterher kommen sie an und wollen Visitenkarten ...«

Aber wozu brauchen Konzerne wie Bayer oder BASF bloß einen Spinnenexperten, frage ich? Kreuels erklärt: »Wenn ein neues Dünge- oder Pflanzenschutzmittel auf den Markt gebracht wird, verlangt der Gesetzgeber vernünftigerweise eine strenge Prüfung, damit die Ökologie nicht geschädigt wird.« Der Gesetzgeber hat Spinnen nämlich lieb, weil sie Nützlinge sind und Schädlinge auffressen. Dummerweise vertragen Spinnen aber sehr wenig Chemie. Kreuels: »Die sind total empfindlich. Auf eine Fliege kann man draufknallen ohne Ende, das juckt die kaum; aber eine Spinne kippt sofort aus den Latschen.« In Freilandversuchen werden die chemischen Mittel zunächst ausgebracht, dann werden die toten Spinnen aufgesammelt, nach Münster geschickt (hoffentlich geht dem ahnungslosen UPS-Fahrer niemals versehentlich ein Päckchen auf ...) und von Kreuels bestimmt. Sind zu viele seltene oder gefährdete Arten dabei, darf das Zeugs nicht auf den Acker – inzwischen sind übrigens 60 % aller chemischen Keulen aus diesem Grund vom Markt verbannt worden.

Auch die Polizei interessiert sich für die Krabbeltiere. Im letzten Jahr wurde Kreuels als Sachverständiger in einem Mordfall konsultiert. In Bocholt war eine alte Frau in ihrem Haus erschlagen worden. Die Spurensicherung der Kripo fand keinen Hinweis darauf, wie der Täter in das Haus gelangt war. Kreuels untersuchte den Tatort – und fand in einem Kellerschacht frisch zerstörte Spinnennetze sowie Netzreste auf dem Fußboden. Damit stand fest: Der Täter hatte sich durch diesen Kellerschacht gezwängt, was Rückschlüsse auf seine Körperstatur zuließ. Aufgrund dieses Profils wurde der Täter tatsächlich alsbald gefasst. Ein weiterer guter Kunde in der Kartei von *Aradet* ist die Christoph-Dornier-Klinik am Tibusplatz. Hier werden Sucht- und Angst-Patienten therapiert. Und es gibt nichts, wovor manche Menschen mehr Angst haben, als vor acht behaarten Beinen. »Bei extremen Fällen geht das soweit, dass die Leute ihren Beruf nicht mehr ausüben können, weil sie sich weigern den Arbeitsplatz zu betreten, wenn sich irgendwo eine Spinne blicken lässt. Manche nageln ihre Fenster zu und verstopfen alle Türritzen, aus Angst, es könnte eine Spinne ins Haus kommen«, weiß Kreuels.

Solchen Fällen von krankhafter »Arachnophobie« rückt er mit seinen »Mitarbeitern« zu Leibe. Erster Schritt: Kreuels fuchtelt ein bisschen mit einer drolligen Plüschspinne vor dem Patienten herum. Reaktion: Angstschreie, Panik, Flucht. Ist diese Hürde überwunden, zieht unser Mann die Daumenschrauben weiter an – jetzt kommt eine echte Spinne ins Spiel. So wie die dicke, die mir während unserer Unterhaltung gegenüber in ihrem Einmachglas sitzt. Kreuels tätschelt den Glasdeckel: »Eben das typische Ekeltier.« Zunächst müssen die Patienten nur die bloße Anwesenheit der Spinne im Raum ertragen, für viele schon die Grenze des Zumutbaren. Dann wird's ernst: Kreuels stülpt dem angstschlotternden Phobiker das Einmachglas auf die Hand, die Spinne krabbelt auf der nackten Haut herum. Die Stuhlpolster sind mit kaltem Schweiß getränkt. Dann zieht er das Glas weg und die Spinne spaziert munter den Arm herauf. Der Angst-Patient ist zwar klatschnass, aber er hat es geschafft – seine Angst ist besiegt. Die »Mitarbeiter« für diese Schocktherapien fängt Kreuels mit dem Netzkäscher in und um seinem Haus. »Für die ist das auch Stress«, sagt er mitleidig, »deshalb dürfen sie hinterher wieder abhauen.« – Und mit ihren Artgenossen im Freien herumtollen.

Über 115 verschiedene Arten hat Kreuels allein im Stadtgebiet von Münster gezählt. »In ganz Deutschland rennen sogar rund 1.200 Arten herum.« Was kaum jemand weiß: Hier gibt es sogar Vogelspinnen! Allerdings ist diese Spezies, die im Sauerland in Erdlöchern haust, nur 1,5 cm lang und total harmlos – wie übrigens alle Spinnen hierzulande. Das sehen viele Bundesbürger allerdings ganz anders: Kreuels hat Passanten bei Straßenumfragen aufgefordert, drei Begriffe zu nennen, die ihnen spontan zu Spinnen einfallen. Das Ergebnis: »Die ersten drei Nennungen waren: Pantoffel, Staubsauger, Zeitung.« Deshalb will der Arachnophile das Image seiner fiesen Freunde heben und hält in Schulen und Kindergärten allgemeinverständliche Vorträge zum Thema. Bei der großen Beliebtheit populärwissenschaftlicher Magazine à la *Quarks & Co.* hofft auch Kreuels, auf diesem Weg Interesse und Sympathie für die Spinnen wecken zu können. Natürlich hat er auch nichts gegen Spiderman-Comics im Kinderzimmer – seine eigenen Kinder malen und basteln am liebsten ... na was wohl? Sein wichtigstes Argument: »Ohne Spinnen würden wir knietief in noch ekligerem Ungeziefer versinken. Die Masse der Insekten, die etwa in England jährlich von Spinnen gefressen wird, entspricht dem Gesamtgewicht der englischen Bevölkerung! Möchten Sie also lieber ein paar Spinnen in der Zimmerecke – oder tonnenweise Milben, Fliegen, Silberfische usw.?«

In Südamerika und Afrika ist die Spinne bedeutend angesehener, ihr wird in etwa jene Rolle zugewiesen, die in unseren Märchen die Eule spielt: die des weisen Ratgebers. Trotzdem bekommt Kreuels sogar aus Hawaii E-Mails mit Fragen erschrockener Hausbewohner, die in ihrem Keller exotische Riesenexemplare fotografiert haben und nun wissen wollen, ob sie noch ruhig schlafen können. »Völlig harmlos«, mailt Kreuels meist zur Entwarnung zurück, gibt aber zu: »Optisch macht so ein Oschi schon eine Menge her!« Wegen der reizenden Optik hat der deutsche Spinnenforscherverband, in dessen Vorstand Kreuels sitzt, übrigens die Wespenspinne zur »Spinne des Jahres 2001« gewählt. Ich weiß nicht – ein echter Sympathieträger ist sie trotzdem nicht.

(Erschienen 2001)

Anmerkung:

Dieser Artikel hat Leben gerettet! Und zwar das von etlichen Spinnen. Ehrlich, seit dem Interview mit dem Arachno-Experten für diesen Beitrag habe ich ein anderes Verhältnis zu Achtbeinern. Wir kommen jetzt prima miteinander aus. Besonders die dicken Kreuzspinnen im Spätsommer und ich sind echte Kumpels geworden. Und wenn ich eine Fliege auf dem Kuchenteller erwische, werfe ich sie ihnen ins Netz. Meine Familie hält mich darum für komplett verrückt. Bis auf meinen Sohn (5) – denn der hält sich für Spiderman.

# Im Rattentod-Labor.

## Der Kampf gegen genmutierte Super-Nager aus Westfalen: Zu Besuch bei Münsters Biogift-Forscher Hans-Joachim Pelz.

Adelige hatten schon immer einen Tick für exotische Tiere, zum Beispiel Pfauen. 1905 setzte ein tschechischer Graf sechs aus Nordamerika importierte Bisampaare in seinem Schlossteich aus. Keine gute Idee: Nur acht Jahre später hatten die pelzigen Nager bereits die Grenze nach Bayern überquert. Nochmals einige Jahre darauf wurden sie in Hamburg zur Plage. Die Aufzeichnungen der Bisambekämpfer aus dieser Zeit lesen sich wie Kriegsberichte: Es ist von »Kampflinien« und »Widerstandszonen« die Rede. Heute lässt sich der Bisambestand bestenfalls kontrollieren, aber nie restlos ausrotten.

Auch die Ratten haben sich als asiatische Einwanderer trotz Verfolgung in ganz Europa erfolgreich etabliert. Weil sie wegen ihrer bekannten Eigenschaften sehr unbeliebt sind, beschäftigt ihre Vernichtung schon immer die Phantasie der ebenfalls verstandbegabten Konkurrenten – der Menschen.

Bis zum zweiten Weltkrieg benutzte man neben Fallen vorwiegend Akutgifte, also solche Gifte, die davon fressende Ratten sofort aus den Latschen hauen. Nachteil: Die Ratten bringen den Köder als Ursache mit der Vergiftung in Verbindung – und meiden ihn.

Aber die Menschen ließen sich etwas Neues einfallen: Blutgerinnungshemmer. Der Wirkstoff erhielt den Namen »Warfarin«. Warfarin macht die Gefäßwände durchlässig und verhindert die Blutgerinnung. Effekt: Die Probanden verbluten innerlich. Vorteil: Die Wirkung ist zeitlich verzögert; die Ratten können keinen Zusammenhang zwischen Köder und Erkrankung herstellen. Genial, dachte man.

Doch schon bald gab es Probleme: 1958 meldeten schottische Landwirte ein alarmierendes Phänomen. Man beobachtete Ratten, die Warfarin-Köder fraßen, aber nicht verendeten. Bei den Ratten war eine Resistenz aufgetreten.

In den 70ern tauchten erste giftunempfindliche Ratten in Cuxhaven auf. Leider erfuhr man nicht mehr darüber: Der Wissenschaftler, der damit begonnen hatte, das Erscheinen zu erforschen, starb bei einem Flugzeugunglück.

Mitte der 80er Jahre tauchte das Problem erneut in Deutschland auf. Diesmal an anderer Stelle: In einer ca. 8000 Quadratkilometer großen Region in Nordwestdeutschland; zwischen Holland und Ostwestfalen, Ruhrgebiet und Emsland. Oder mit zwei Worten: im Münsterland.

Deshalb wird die Ratten-Resistenz in Münster untersucht. An der Biologischen Bundesanstalt für Land- und Forstwirtschaft in Gievenbeck, vom Biologen Hans-Joachim Pelz.

Die Biologische Bundesanstalt für Land- und Forstwirtschaft wurde 1898 in Berlin aus dem Kaiserlichen Gesundheitsamt gegründet. Die BBA ist eine Bundesforschungsanstalt und gehört zum Geschäftsbereich

des Bundesministeriums für Ernährung, Landwirtschaft und Verbraucherschutz.
Pelz fand heraus, was die nacktschwänzigen Plagegeister immun macht: Sie sind genetisch mutiert. Zur Erläuterung: Als resistent werden Ratten bezeichnet, die eine normalerweise tödliche Dosis des Giftes überleben. Diese Eigenschaft können Ratten nur erblich, nicht aber im Laufe ihres Lebens erwerben. Wird das Gift weiter eingesetzt, überleben die resistenten Tiere und pflanzen sich fort. Eine Ratte ist nach zwei Monaten geschlechtsreif und wirft etwa alle sechs Wochen ca. acht Junge.
Die Sache wird zusätzlich kompliziert durch so genannte Kreuzresistenzen: Die Unempfindlichkeit gegenüber einem Wirkstoff, kann gleichzeitig eine Immunität gegen andere Gifte bewirken. Das bedeutet: Ist eine Ratte schon gegen die neueste Generation der weiterentwickelten Blutgerinnungshemmer resistent, sind auch alle Vorgängermodelle mit niedrigerer Wirkstoffkonzentration wirkungslos. Im Münsterland waren 2001 bereits drei Wirkstoff-Updates von Warfarin betroffen. Die drei neuesten Wirkstoffe sind bislang – noch! – wirksam.
Bisher war die Erforschung der Giftresistenz für Pelz und das Forscherteam der Bundesanstalt am Toppheideweg einigermaßen kompliziert. Landwirte stellten Lebendfallen für Ratten auf; schnappte die Falle zu, klingelte im Büro von Pelz das Telefon. Pelz stieg ins Auto, sammelte die Ratten ein und brachte sie in sein Labor. Dort wurde ihnen Gift zum Fraß vorgeworfen oder injiziert. Seit Pelz das mutierte Gen, das für die Giftresistenz verantwortlich ist, identifiziert hat, ist die Untersuchung bedeutend leichter geworden: Nun reichen Kot- oder Gewebeproben zur Bestimmung im-

muner Ratten aus. Was Pelz' Aufgabe dennoch schwierig macht: Bei den Ratten mutiert zwar überwiegend das gleiche Gen, aber auf verschiedene Weise.
Pelz bekommt Ratten aus ganz Deutschland geschickt: aus Stade, aus Ludwigshafen, aus Berlin. Sogar ungarische Nager hat er schon untersucht. Befund: negativ. Allerdings breitet sich das Zentrum der resistenten Ratten aus dem Münsterland in Richtung Osten aus. Pelz: »Wir haben inzwischen Nachweise in Hannover. Wie es dort im Umland aussieht, wissen wir aber bisher noch nicht.«

Wirklich nur ein Nutria? Oder eine manipulierte Riesenratte aus dem Münsterland?

Rattenmutation und Giftentwicklung – eine Spirale ohne Ende? Die einzige Möglichkeit, einen Vorsprung zu gewinnen, besteht derzeit für den Menschen in der Entwicklung immer neuer Gifte mit noch höherem Potenzniveau. Inzwischen sind die aktuellen Blutgerinnungshemmer bereits 100 mal tödlicher als ihr Vorgänger Warfarin.

In der hochtoxischen Wirkung liegt aber auch ein Problem. Pelz: Das Gift kann auch für »Nichtzieltiere« gefährlich sein, zum Beispiel für Haustiere, aber auch für geschützte Arten wie Schleiereulen. Grund: Der innere Blutverlust macht die Ratten schwach und langsam. Sie werden zur idealen Beute. Wenn sich die Eule mit den bewusstseinsgetrübten Ratten den Bauch vollschlägt, bekommt ihr das nicht gut.
Eine brauchbare Alternative zum Gift sieht Pelz nicht: »Ich sage immer, die Leute müssen versuchen, die Ratten fernzuhalten. Aber ich weiß, das ist leichter gesagt als getan.«
Wie gesagt: Die vollständige Ausrottung der Ratten ist ohnehin eine Illusion und auch gar nicht das erklärte Ziel der Bekämpfung. Das Naturschutzgesetz besagt, dass Tiere, die bei uns heimisch sind, nicht vollständig vernichtet werden sollen. Als heimische Tiere gelten solche, die sich seit drei Generationen in unseren Breiten vermehrt haben. Der Waschbär gilt demnach qua Naturschutzgesetz längst zu den heimischen Tieren.
Bei der Ursachenforschung herrscht überwiegend noch Spekulation. Warum genau die Gene der Ratten mutieren, weiß man noch nicht. Eine falsche Anwendung der Giftköder könnte die Mutation vielleicht begünstigen. Wir haben da so unsere eigene Theorie: Dass sich die giftresistenten Viecher ausgerechnet im Münsterland tummeln, hängt sicher mit dem Atommüll-Zwischenlager in Ahaus zusammen. Ob die Ratten nachts vielleicht sogar leuchten …?

(Erschienen 2006)

Anmerkung:

Ziemlich gruselige Geschichte, nicht? Ausgerechnet im piekfeinen Kreuzviertel huschen die Ratten manchmal selbst am hellen Tag über die Straßen und fühlen sich in den Abwasserkanälen der Jugendstil-Altbauten sauwohl. Ich selbst bin schon mal nachts aus dem Bett gesprungen, um mit dem Besen eine Ratte totzuschlagen, die durch einen blinden Abfluss der Spüle in die Küche gekommen war. (Huch, wenn das jetzt militante Tierschützer lesen ...)

# Bildnachweise:

S. 19: UWZ-Archiv Münster//S. 39: City Magazin-Archiv Münster//S. 45: Stadtarchiv Münster//S. 67 ci-group, Christoph Deckwitz, Münster//S. 78: Reinhard Kuhlmann, Papenburg//S. 82: Zeitschrift ›Das schöne Münster‹, Heft 23, Jg. 1931//S. 93: Broschüre ›150 Jahre JVA Münster‹ von 2003//S. 129: Pressefoto Firma Tätowiersucht, Münster//S. 147: Ultimo-Archiv Münster//S. 168: Esther Bruna: Pinkus Müller – Münsters letzte Altbierbrauerei und Altbierküche, Oktober Verlag 2010//S. 174: Ultimo-Archiv Münster//S. 181: Pressestelle Oberbürgermeister Münster//S. 192: Pressefoto Firma Carsten Glaser, Greven//S. 206: Deutscher Diäsch-Verband//S. 221: Ultimo-Archiv Münster//S. 238: Ultimo-Archiv Münster.
Alle weiteren Bilder vom Autor.